Manuel à l'intention des entreprises sur le devoir de diligence dans le secteur du cacao

LUTTER CONTRE LE TRAVAIL DES ENFANTS ET LE TRAVAIL FORCÉ

OCDE
DES POLITIQUES MEILLEURES
POUR UNE VIE MEILLEURE

Cet ouvrage est publié sous la responsabilité du Secrétaire général de l'OCDE. Les opinions et les arguments exprimés ici ne reflètent pas nécessairement les vues officielles des pays Membres de l'OCDE.

Ce document, ainsi que les données et cartes qu'il peut comprendre, sont sans préjudice du statut de tout territoire, de la souveraineté s'exerçant sur ce dernier, du tracé des frontières et limites internationales, et du nom de tout territoire, ville ou région.

Merci de citer cet ouvrage comme suit :
OCDE (2023), *Manuel à l'intention des entreprises sur le devoir de diligence dans le secteur du cacao : Lutter contre le travail des enfants et le travail forcé*, Éditions OCDE, Paris, https://doi.org/10.1787/18a36896-fr.

ISBN 978-92-64-79213-5 (imprimé)
ISBN 978-92-64-32677-4 (pdf)
ISBN 978-92-64-57341-3 (HTML)
ISBN 978-92-64-51198-9 (epub)

Crédits photo : Couverture © International Cocoa Initiative.

Les corrigenda des publications sont disponibles sur : www.oecd.org/fr/apropos/editionsocde/corrigendadepublicationsdelocde.htm.

Avant-propos

Le « Manuel à l'intention des entreprises sur le devoir de diligence dans le secteur du cacao : lutter contre le travail des enfants et le travail forcé » (le Manuel) a pour but d'aider les entreprises à identifier et prévenir les risques relatifs au travail des enfants et au travail forcé dans le secteur du cacao, et à y remédier. Ce Manuel repose sur les Principes directeurs des Nations Unies relatifs aux entreprises et aux droits de l'Homme (PDNU), les Conventions de l'OIT sur le travail des enfants et le travail forcé, les Principes directeurs de l'OCDE à l'intention des entreprises multinationales (Principes directeurs de l'OCDE à l'intention des entreprises multinationales) et les recommandations de l'OCDE sur le devoir de diligence fondé sur les risques énoncées dans le Guide OCDE sur le devoir de diligence pour une conduite responsable des entreprises (Guide OCDE sur le devoir de diligence) et le Guide OCDE-FAO pour des filières agricoles responsables (Guide OCDE-FAO). Ensemble, ces documents constituent les normes internationales de premier plan soutenues par les gouvernements en matière de conduite responsable et de devoir de diligence des entreprises.

La communauté internationale a pris l'engagement de mettre fin au travail forcé et d'éliminer le travail des enfants sous toutes ses formes d'ici à 2025. Pourtant, le monde est encore loin d'avoir atteint cet objectif. Selon les dernières estimations de l'OIT, dans le monde, le nombre d'enfants astreints au travail en 2020 s'élevait à 160 millions et le nombre d'adultes et d'enfants réduits au travail forcé en 2021 était de 27.6 millions. Les estimations indiquent que 70 % du travail des enfants a lieu dans le secteur agricole, à des fins de subsistance et d'agriculture et d'élevage commerciaux, le plus souvent dans le cadre de tâches non rémunérées effectuées dans un cadre familial[1]. Dans ce secteur, les pays producteurs de cacao d'Afrique et d'Amérique latine sont signalés comme produisant du cacao en recourant au travail des enfants (ILAB, 2022[1]). S'il est vrai que dans les chaînes d'approvisionnement de cacao, le travail forcé est moins fréquent que le travail des enfants, ses répercussions peuvent être bien plus graves.

Pour la rédaction du présent Manuel, l'Organisation de coopération et de développement économiques (OCDE), la fondation International Cocoa Initiative (ICI) et la Deutsche Gesellschaft für Internationale Zusammenarbeit GmbH (GIZ) ont formé un groupe d'experts informel (GEI) multipartite réunissant 12 représentants du secteur privé, de la société civile et d'organisations internationales, ainsi que d'autres spécialistes, afin d'apporter une contribution substantielle à son contenu et d'en orienter l'élaboration. L'OCDE et la fondation ICI ont également organisé un séminaire avec des parties prenantes à Abidjan, en Côte d'Ivoire, en juin 2022, ainsi qu'un séminaire en ligne en novembre 2022. En outre, une consultation publique informelle de parties prenantes a été lancée en janvier 2023.

Le présent Manuel a été élaboré avec le soutien financier du ministère allemand de la Coopération économique et du Développement (BMZ) et de la fondation International Cocoa Initiative (ICI).

Table des matières

Tableaux

Graphiques

Résumé

Le Guide OCDE-FAO pour des filières agricoles responsables (Guide OCDE-FAO) (OCDE/FAO, 2016[2]) et le Guide OCDE sur le devoir de diligence pour une conduite responsable des entreprises (Guide OCDE sur le devoir de diligence) (OCDE, 2018[3]) aident les entreprises à mettre en œuvre les pratiques de diligence raisonnable fondée sur les risques de l'OCDE conformément aux normes internationalement reconnues en matière de conduite responsable des entreprises comme les Principes directeurs de l'OCDE à l'intention des entreprises multinationales (Principes directeurs de l'OCDE à l'intention des entreprises multinationales), les Principes directeurs des Nations Unies relatifs aux entreprises et aux droits de l'Homme (PDNU) et les Conventions du travail de l'OIT. La mise en œuvre de ces recommandations peut aider les entreprises à éviter et traiter les conséquences néfastes sur les travailleurs, les droits de l'homme, l'environnement, la corruption, les consommateurs et la gouvernance d'entreprise en lien avec leurs activités, leurs chaînes d'approvisionnement et leurs autres relations d'affaires (OCDE/FAO, 2021[4]).

S'il est vrai qu'en général, les entreprises savent très bien que les droits de l'homme doivent être respectés et que la conduite responsable des entreprises doit être encouragée, la mise en œuvre concrète des pratiques de diligence raisonnable fondée sur les risques afin d'identifier et de prévenir les risques et impacts négatifs sur les droits de l'homme, puis d'y remédier, reste une gageure. Les obstacles à une mise en œuvre perdurent, tout particulièrement dans les chaînes d'approvisionnement complexes et fragmentées, comme dans le secteur agricole. En outre, les entreprises n'ont souvent que très peu d'expérience dans le domaine de la collaboration avec la société civile, les représentants des travailleurs et les acteurs gouvernementaux pour soutenir de manière efficace les pratiques de diligence raisonnable et les stratégies d'atténuation des risques, en adéquation avec les attentes fixées par les Nations Unies (ONU), l'OCDE et l'Organisation internationale du Travail (OIT)[2].

Le présent Manuel tente de combler ces lacunes en accordant une attention toute particulière au travail des enfants et au travail forcé qui sont reconnus comme des problèmes saillants en matière de droits de l'homme dans le secteur du cacao. Ce Manuel explique comment les entreprises peuvent mettre en œuvre les pratiques de diligence raisonnable de l'OCDE fondée sur les risques pour traiter les risques et les impacts du travail des enfants et du travail forcé dans la filière du cacao. Le contenu du présent Manuel peut également encourager les entreprises à faire preuve de diligence raisonnable afin de faire face à d'autres risques touchant aux droits de l'homme dans d'autres chaînes d'approvisionnement agricoles.

Le présent Manuel ne formule aucune nouvelle recommandation, mais explique comment les recommandations de l'OCDE relatives au devoir de diligence fondée sur les risques peuvent être appliquées pour lutter contre le travail des enfants et le travail forcé, en contextualisant les recommandations existantes et en orientant les utilisateurs vers des ressources utiles pour traiter les risques.

Enfin, même si ce Manuel traite des défis à relever dans le domaine de la diligence raisonnable dans les chaînes d'approvisionnement du cacao dans le monde, la plupart des exemples se situent en Afrique de l'Ouest.

Pourquoi un Manuel ?

Les entreprises qui exercent leurs activités dans le secteur du cacao ont un risque d'être liées à des impacts négatifs, tout particulièrement le travail des enfants et le travail forcé, par le biais de leurs activités, de leurs chaînes d'approvisionnement et de leurs relations d'affaires.

S'il est vrai qu'en général, les entreprises savent très bien que les droits de l'homme doivent être respectés et que la conduite responsable des entreprises doit être encouragée par des pratiques de diligence raisonnable fondée sur les risques, bon nombre d'entre elles ont des difficultés à matérialiser toutes ces attentes au sein de leurs chaînes d'approvisionnement en cacao. Ce Manuel a été élaboré afin d'aider les entreprises à identifier, prévenir et traiter les risques et impacts avérés sur les droits de l'homme dans le secteur du cacao, avec une attention toute particulière portée au travail des enfants et au travail forcé. Les entreprises peuvent utiliser le présent Manuel pour concrétiser les engagements qu'elles ont pris en matière d'activités responsables, en s'inspirant du devoir de diligence fondé sur les risques défini par l'OCDE.

Le présent Manuel :

- Promeut une compréhension commune des risques et impacts au sein des chaînes d'approvisionnement du cacao, afin d'aider les entreprises à respecter les normes volontaires et contraignantes sur le devoir de diligence et à tenir les engagements qu'elles ont pris en matière de travail des enfants et de travail forcé.
- Clarifie la manière de mettre en œuvre les recommandations actuelles de l'OCDE sur le devoir de diligence dans les chaînes d'approvisionnement complexes et fragmentées du secteur du cacao.
- Formule des considérations, des conseils et des exemples spécifiques au secteur à l'intention des entreprises qui mettent en œuvre des pratiques de diligence raisonnable, y compris les petites et moyennes entreprises (PME).
- Contient des références à des ressources auxquelles les entreprises peuvent d'ores et déjà accéder pour exercer leur devoir de diligence et lutter contre le travail des enfants et le travail forcé dans le secteur.

À qui s'adresse le présent Manuel ?

Le présent Manuel s'adresse aux entreprises du secteur du cacao qui exercent des activités à tous les niveaux de la chaîne d'approvisionnement, quelles que soient leur taille et la zone géographique où elles se trouvent. Compte tenu du fait que les risques et impacts sur les droits de l'homme sont présents dans l'ensemble de la chaîne d'approvisionnement du cacao, ce Manuel pourra s'avérer utile aux coopératives et organisations d'agriculteurs de cacao, négociants et transformateurs de cacao, fabricants de chocolat, confiseurs et détaillants de produits du cacao.

Comment utiliser le présent Manuel ?

Le présent Manuel a été rédigé pour être le plus concis possible sur la base de commentaires d'utilisateurs d'entreprises ayant demandé des conseils ciblés sur la manière de mettre en œuvre le cadre de diligence raisonnable fondée sur les risques de l'OCDE.

Pour faciliter l'utilisation de ce Manuel, chaque étape du cadre de diligence raisonnable de l'OCDE comprend un ensemble de questions stratégiques que toute entreprise doit se poser à chaque stade. Par ailleurs, sachant que les PME représentent la majorité des entreprises du secteur et risquent de faire face à des enjeux spécifiques de mise en œuvre des pratiques de diligence raisonnable fondée sur les risques, ce Manuel fournit des conseils ciblant tout spécialement les PME.

Il est recommandé aux lecteurs d'utiliser le présent Manuel en association avec les principaux documents traitant de la diligence raisonnable fondée sur les risques de l'OCDE, publiés par l'OCDE : le Guide OCDE-FAO pour des filières agricoles responsables (Guide OCDE-FAO) (OCDE/FAO, 2016[2]) et le Guide OCDE sur le devoir de diligence pour une conduite responsable des entreprises (Guide OCDE sur le devoir de diligence) (OCDE, 2018[3]). Ces deux documents, entérinés par les gouvernements, adressent aux entreprises et aux investisseurs des recommandations essentielles concernant les attentes internationales en matière de diligence raisonnable, et livrent des explications sur les recommandations relatives à la diligence raisonnable fondée sur les risques de l'OCDE. Les lecteurs du présent Manuel sont invités à passer en revue les éclairages et les conseils figurant dans chaque chapitre et à consulter les ressources disponibles sur le site Web de la fondation International Cocoa Initiative (ICI)[3].

Le travail des enfants et le travail forcé dans le secteur du cacao

Ce chapitre définit ce que sont le travail des enfants et le travail forcé, donne un aperçu général de l'ampleur de la problématique et analyse les raisons pour lesquelles les entreprises doivent se soucier des droits de l'Homme dans le secteur du caco.

Comprendre le travail des enfants et le travail forcé

Le travail des enfants et le travail forcé sont à la fois un symptôme et une conséquence de la pauvreté systémique. Il s'agit de défis complexes qui ne se limitent pas au secteur du cacao. Leurs causes fondamentales sont diverses : pauvreté, manque d'accès à des services et infrastructures essentiels de qualité (éducation, soins de santé et protection sociale, par exemple), difficultés à imposer des cadres juridiques et réglementaires, absence de possibilités d'emplois décents, inégalités de genre, faibles niveaux d'emploi des adultes (souvent en raison de bas salaires dans un secteur d'activité donné), problèmes d'accès aux biens fonciers et absence de programmes efficaces sur le devoir de diligence des entreprises.

Définition du travail des enfants

Toutes les tâches effectuées par des enfants ne relèvent pas forcément du travail des enfants. Selon l'OIT, la participation d'enfants et d'adolescents à un travail économique qui n'affecte pas leur santé et leur développement personnel ou qui n'interfère ou ne nuit pas à leur scolarité ou à leur participation à une formation professionnelle ou à des programmes de formation est généralement considérée comme positive et donc comme du travail des enfants / des travaux légers acceptables. Le travail des enfants / les travaux légers sont généralement des tâches non dangereuses effectuées pendant moins de 14 heures par semaine et par des enfants âgés de plus de 13 ans, si la législation locale l'autorise (BIT/IOE, 2015[5]).

Deux conventions de l'OIT donnent des définitions du travail des enfants :

- La Convention n° 138 de 1973 sur l'âge minimum définit le « travail des enfants » comme du travail qui prive les enfants de leur enfance, de leur potentiel et de leur dignité, et nuit à leur développement physique ou mental, notamment en interférant avec leur éducation en les privant de toute scolarisation, en les contraignant à abandonner prématurément l'école ou en les obligeant à cumuler des activités scolaires et professionnelles excessivement longues et pénibles pour eux. Elle fixe également l'âge minimum d'admission à l'emploi à 15 ans (13 ans pour les travaux légers) et à 18 ans pour les travaux dangereux (16 ans dans certaines conditions strictes) (OIT, s.d.[6]).
- La Convention n° 182 de 1999 de l'OIT sur les pires formes de travail des enfants définit quatre catégories de pires formes de travail des enfants (OIT, s.d.[7]) :
    a) toutes les formes d'esclavage ou pratiques analogues, telles que la vente et la traite des enfants, la servitude pour dettes et le servage, ainsi que le travail obligatoire, y compris le recrutement forcé ou obligatoire des enfants en vue de leur utilisation dans des conflits armés ;
    b) l'utilisation, le recrutement ou l'offre d'un enfant à des fins de prostitution, de production de matériel pornographique ou de spectacles pornographiques ;
    c) l'utilisation, le recrutement ou l'offre d'un enfant à des fins d'activités illicites, notamment pour la production et le trafic de stupéfiants, tels que les définissent les conventions internationales pertinentes ;
    d) les « travaux dangereux » qui, par leur nature ou les conditions dans lesquelles ils s'exercent, sont susceptibles de nuire à la santé, à la sécurité ou à la moralité de l'enfant. La nature précise de ces tâches interdites doit être définie et examinée par chaque pays.

Les catégories a), b) et c) sont connues comme étant des formes « inconditionnelles » de travail des enfants, ce qui signifie qu'elles sont interdites, quel que soit l'âge de l'enfant et quelles que soient la nature des tâches menées et leurs conditions et circonstances. La catégorie d) est une pire forme de travail des enfants conditionnelle, d'où le besoin de la définir au niveau local en dressant une liste des activités dangereuses à un niveau national.

Dans le secteur du cacao, une majorité d'enfants en situation de travail des enfants doivent effectuer des travaux dangereux comme porter des charges lourdes, utiliser des outils dangereux et s'exposer à des pesticides. Une petite part de ces enfants serait dans des situations de travail forcé.

De plus, la Convention des Nations Unies relative aux droits de l'enfant adoptée en 1989 protège les enfants contre l'exploitation économique et inclut le droit de l'enfant à être protégé contre tout travail susceptible d'être dangereux ou de compromettre son éducation ou de nuire à sa santé ou à son développement physique, mental, spirituel, moral ou social. Elle protège également les enfants contre toute forme de violence, d'atteinte ou de brutalité physique ou mentale, d'abandon ou de négligence, de mauvais traitements ou d'exploitation, y compris de violence sexuelle. Enfin, elle protège les enfants contre toutes les formes d'exploitation et de violences sexuelles (Nations Unies, s.d.[8]).

Graphique 1. Exemples de travaux dangereux effectués par des enfants dans des exploitations de cacao

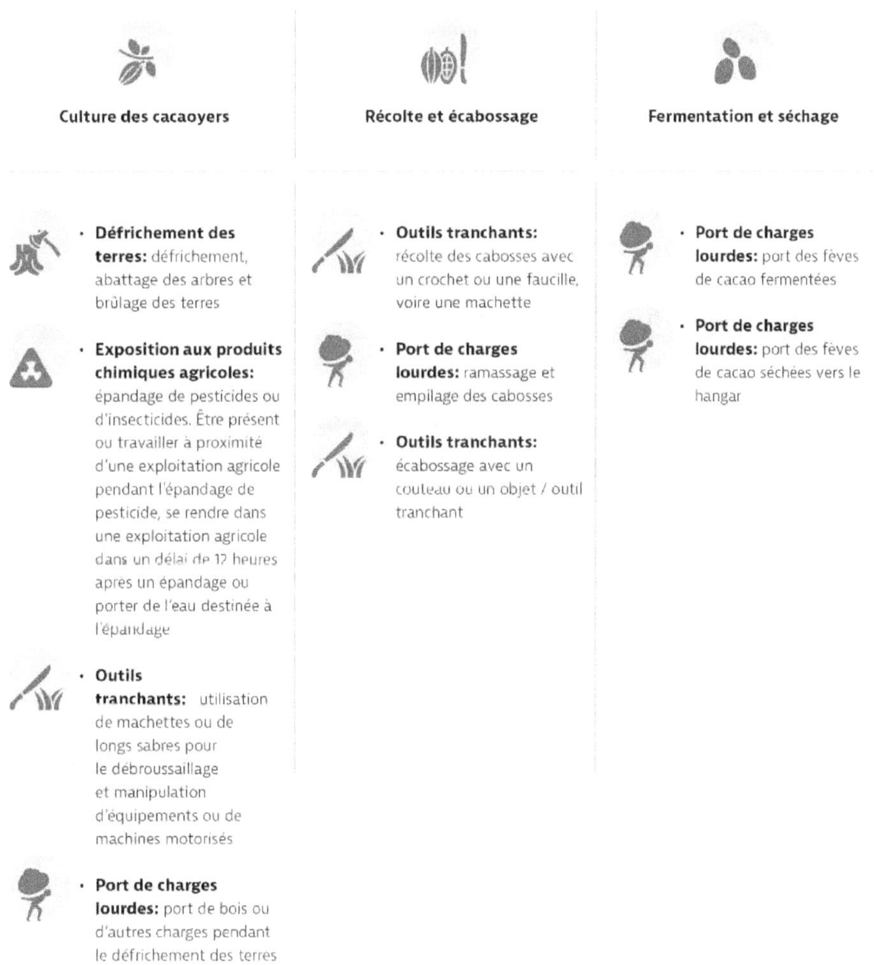

Source : adapté d'entretiens menés auprès d'exploitants agricoles au Ghana et en Côte d'Ivoire, et Sadhu (2020[9]), *Évaluation des progrès accomplis dans la réduction du travail des enfants dans les régions productrices de cacao de Côte d'Ivoire et du Ghana*, https://www.norc.org/PDFs/Cocoa%20Report/NORC%202020%20Cocoa%20Report_French.pdf

Définition du travail forcé

Le travail forcé est défini par la Convention de l'OIT n° 29 (1930) comme « tout travail ou service exigé d'un individu sous la menace d'une peine quelconque et pour lequel ledit individu ne s'est pas offert de plein gré » (OIT, s.d.[10]). L'expression « menace d'une peine quelconque » désigne les moyens de coercition utilisés pour imposer le travail à quelqu'un contre son gré, dans le cadre d'un recrutement ou lorsqu'une personne est en emploi. L'expression « travail contre son gré » désigne tout travail conduit sans le consentement libre et éclairé du travailleur. Une situation de travail forcé est par conséquent définie par la nature de la relation entre la victime et l'auteur du crime et non par le type d'activité menée. Pour que le travail soit considéré comme du travail forcé, il doit y avoir à la fois coercition et absence de consentement libre et éclairé.

Le travail forcé peut concerner tant les adultes que les enfants. On considère que des enfants sont en situation de travail forcé lorsque l'une ou plusieurs des situations suivantes s'appliquent (BIT, 2018[11]) :

- Travaux effectués pour un ou deux parents eux-mêmes en situation de travail forcé.
- Travaux effectués sous la menace d'une peine quelconque infligée par un tiers, soit directement à l'encontre de l'enfant, soit à l'encontre de ses parents.
- L'enfant exécute des travaux pouvant être classés dans l'une des trois catégories de pires formes de travail des enfants : a) toutes les formes d'esclavage ou pratiques analogues ; b) utilisation d'un enfant à des fins de prostitution, de production de matériel pornographique ou de spectacles pornographiques ; c) utilisation d'un enfant à des fins d'activités illicites, comme la production et le trafic de stupéfiants.

Quelle est l'ampleur du travail des enfants et du travail forcé dans le secteur du cacao ?

Le cacao est un produit agricole important, les fèves de cacao étant le principal ingrédient du chocolat. Près de 70 % du cacao dans le monde provient d'Afrique, la Côte d'Ivoire et le Ghana étant les plus grands producteurs avec respectivement 44 % et 16 % de la production mondiale de cacao en 2019-2020 (ICCO, 2022[12]). L'Asie du Sud-Est et l'Océanie, ainsi que l'Amérique latine, contribuent également à la production mondiale de cacao, respectivement à hauteur de 6 % et 19 % (ICCO, 2022[12]).

La communauté internationale s'est engagée à « prendre des mesures immédiates et efficaces pour éradiquer le travail forcé, mettre fin à l'esclavage moderne et à la traite des êtres humains, interdire et éliminer les pires formes de travail des enfants, y compris le recrutement et l'utilisation d'enfants soldats et, d'ici à 2025, mettre fin au travail des enfants sous toutes ses formes » (Alliance 8.7, 2018[13]). Pourtant, les dernières estimations mondiales indiquent que 160 millions d'enfants étaient toujours astreints au travail dans l'ensemble des secteurs en 2020, et 70 % de tous les enfants concernés (soit 112 millions d'enfants) travaillent dans le secteur agricole (BIT/UNICEF, 2021[14]). Le ministère du Travail des États-Unis fournit des données sur la prévalence du travail des enfants et du travail forcé dans certains pays[4].

Graphique 2. Ampleur du travail des enfants dans le secteur du cacao

Source : OIT/UNICEF (2021[14]), Travail des enfants : Estimations mondiales 2020, tendances et chemin à suivre, https://www.ilo.org/ipec/Informationresources/WCMS_797515/lang--en/index.htm ; Sadhu (2020[9]), Évaluation des progrès accomplis dans la réduction du travail des enfants dans les régions productrices de cacao de Côte d'Ivoire et du Ghana, https://www.norc.org/PDFs/Cocoa%20Report/NORC%202020%20Cocoa%20Report_French.pdf

Graphique 3. Ampleur du travail forcé dans le secteur du cacao

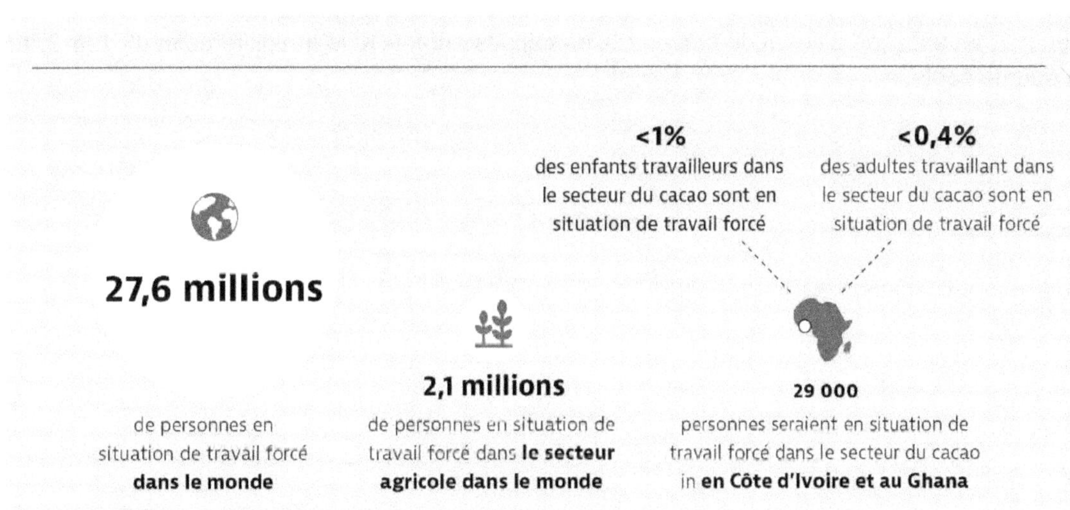

Sources : OIT / Walk Free / OIM (2022[15]), Global Estimates Of Modern Slavery: Forced Labour And Forced Marriage, https://www.walkfree.org/reports/global-estimates-of-modern-slavery-2022/ ; Sadhu (2020[9]), Évaluation des progrès accomplis dans la réduction du travail des enfants dans les régions productrices de cacao de Côte d'Ivoire et du Ghana, https://www.norc.org/PDFs/Cocoa%20Report/NORC%202020%20Cocoa%20Report_French.pdf ; Tulane University, Walk Free Foundation (2018[16]), The prevalence of forced labour and child labour in the cocoa sectors of Côte d'Ivoire and Ghana, https://www.cocoainitiative.org/knowledge-hub/resources/walk-free-foundation-study-prevalence-forced-labour-and-child-labour-cocoa.

Qu'est-ce qui caractérise la chaîne d'approvisionnement du cacao et quel impact cela a sur les initiatives des entreprises en matière de diligence raisonnable ?

Dans le monde, 90 % du cacao est produit par des petites exploitations agricoles de moins de cinq hectares (ICCO, s.d.[17]), ce qui représente 5 à 6 millions d'agriculteurs (Kozicka, 2018[18]). Les fèves de cacao passent de main en main le long d'une chaîne d'approvisionnement allant des producteurs aux transformateurs. En règle générale, les transformateurs se trouvent dans des pays comme l'Allemagne, la Belgique, les États-Unis, la France, les Pays-Bas et la Suisse. Chaque année, plus de 36 % des fèves de cacao récoltées sont moulues en Europe et près de 8 % le sont aux États-Unis. Le cacao moulu est ensuite envoyé aux fabricants et marques de produits chocolatiers, puis aux détaillants (ICCO, 2022[19]).

Au Ghana, les agriculteurs vendent principalement leurs fèves de cacao à des commis aux approvisionnements basés au sein même des communautés et recrutés par des sociétés d'achat agréées et réglementées par le Ghana Cocoa Board (COCOBOD) (Fairtrade Foundation, 2020[20]). En Côte d'Ivoire, les agriculteurs vendent leur cacao à des coopératives ou des négociants locaux connus sous le nom de « pisteurs » qui, le plus souvent, commercent avec 25 à 30 agriculteurs. Ces pisteurs fournissent ensuite les fèves de cacao à des négociants agréés plus importants (Fairtrade Foundation, 2020[20]).

On estime que plus de 50 % des exploitants de cacao en Côte d'Ivoire et au Ghana n'appartiennent pas à des coopératives (soit jusqu'à 1.69 million de personnes). Cela pose un problème pour les entreprises intermédiaires et en aval de la filière car cela complique leurs initiatives en matière de traçabilité et de cartographie de leurs chaînes d'approvisionnement (Fairtrade Foundation, 2020[20]). Si certaines entreprises ont progressé sur la voie de la transparence de leur approvisionnement en cacao, nombreuses sont celles qui affichent un manque de visibilité concernant les origines et les conditions dans lesquelles les fèves sont récoltées et produites. De ce fait, la mise en œuvre de pratiques de diligence raisonnable efficaces permettant d'identifier et de prévenir le travail des enfants et le travail forcé et d'y remédier reste un défi pour le secteur.

Encadré 1. Pourquoi les entreprises devraient-elles mettre en œuvre des pratiques de diligence raisonnable ?

Mises en œuvre avec efficacité, les pratiques de diligence raisonnable fondée sur les risques peuvent aider les entreprises à identifier et prévenir les impacts négatifs sur les droits de l'homme, en garantissant le respect des cadres établis à l'échelle internationale, en prouvant aux investisseurs et aux autorités réglementaires que les entreprises font des efforts et en contribuant de manière tangible aux ODD. Les entreprises appliquent des pratiques de diligence raisonnable pour les raisons suivantes :

- **Obtenir une valeur marchande :** Grâce aux pratiques de diligence raisonnable, les entreprises peuvent déterminer où se situent les risques dans la chaîne d'approvisionnement. Elles peuvent ainsi anticiper les problèmes, recenser les possibilités de répondre aux besoins des clients et des marchés, et potentiellement créer de la valeur. L'intégration de pratiques de diligence raisonnable dans les systèmes de gestion des risques des entreprises permet d'accroître leur résilience car elle renforce leur gestion globale et l'engagement des fournisseurs et parties prenantes. Une plus grande transparence de la chaîne d'approvisionnement peut également permettre aux entreprises de mieux se positionner pour lever de nouveaux capitaux et négocier de meilleures conditions financières.
- **Répondre aux exigences réglementaires :** Les gouvernements légifèrent davantage pour obliger les entreprises à exercer un devoir de diligence dans le but d'identifier les risques pesant sur les droits de l'homme et l'environnement dans les chaînes d'approvisionnement mondiales et y remédier. En 2022, la Commission européenne a publié un projet de Directive sur le devoir de vigilance des entreprises en matière de durabilité (CSDDD). Destinée à devenir une norme phare en matière de conduite responsable des entreprises, elle comprend aussi une proposition d'interdire du marché de l'Union européenne les produits fabriqués en recourant au travail forcé. Plusieurs pays européens tels que l'Allemagne, la France, la Norvège, le Royaume-Uni et la Suisse ont promulgué des lois imposant aux entreprises des obligations en matière de diligence raisonnable, et ce à des degrés divers. En dehors de l'Europe, l'Australie et les États-Unis ont suivi des approches législatives similaires (UNICEF, 2022[21]).
- **Répondre à des attentes sociales :** Le minimum que les consommateurs, les acheteurs, les employés et les citoyens attendent des entreprises est qu'elles respectent les droits de l'homme dans le cadre de leurs activités. Dans le secteur du cacao, ces attentes sont particulièrement élevées compte tenu de la prévalence du travail des enfants et des atteintes importantes à l'environnement causées par un produit considéré comme « désirable », voire comme un produit de luxe. La diligence raisonnable aide les entreprises à « savoir et démontrer » comment elles contribuent de manière positive à la société et, ce faisant, elle les aide à protéger leur réputation.

Cadre du devoir de diligence établi par l'OCDE

Le présent chapitre décrit le cadre du devoir de diligence établi par l'OCDE et la manière dont les entreprises peuvent comprendre leurs responsabilités en termes d'impacts négatifs, et les actions qu'elles doivent engager.

Qu'est-ce que le devoir de diligence ?

L'OCDE a développé un cadre de gestion des risques permettant aux entreprises d'identifier et de prévenir les impacts négatifs avérés et potentiels, notamment en matière de droits de l'homme, de leurs activités, chaînes d'approvisionnement et relations commerciales, d'y remédier et d'en rendre compte.

Ce cadre, exposé plus en détail dans le Guide OCDE sur le devoir de diligence, englobe six mesures du devoir de diligence raisonnable des entreprises pour que celles-ci tiennent leurs engagements en matière de conduite responsable :

1. Intégrer la conduite responsable des entreprises dans leurs politiques et systèmes de gestion.
2. Identifier les impacts négatifs avérés ou potentiels sur les questions de conduite responsable des entreprises.
3. Faire cesser, prévenir ou atténuer les problèmes de conduite responsable des entreprises.
4. Assurer un suivi de la mise en œuvre et des résultats.
5. Communiquer sur la manière dont l'entreprise remédie à ses impacts négatifs.
6. Réparer les impacts, chaque fois que nécessaire.

La diligence raisonnable doit tenir compte des besoins des groupes et communautés les plus vulnérables, notamment ceux des femmes[5]. Par exemple, en Côte d'Ivoire et au Ghana, des études suggèrent que le travail des enfants est moins important dans les communautés où les niveaux d'éducation des adultes, et tout particulièrement des femmes, sont plus élevés (ICI, 2019[22]).

Le Guide OCDE-FAO, qui doit être utilisé en association avec le Guide OCDE sur le devoir de diligence et le présent Manuel, énonce des recommandations détaillées sur la manière dont les entreprises et les investisseurs qui exercent des activités dans le secteur agricole peuvent utiliser le devoir de diligence afin de prévenir les risques et préjudices sociaux, environnementaux et de gouvernance en lien avec les chaînes d'approvisionnement agricole, notamment le travail des enfants et le travail forcé, et d'y remédier.

Graphique 4. Cadre de devoir de diligence de l'OCDE et mesures à prendre

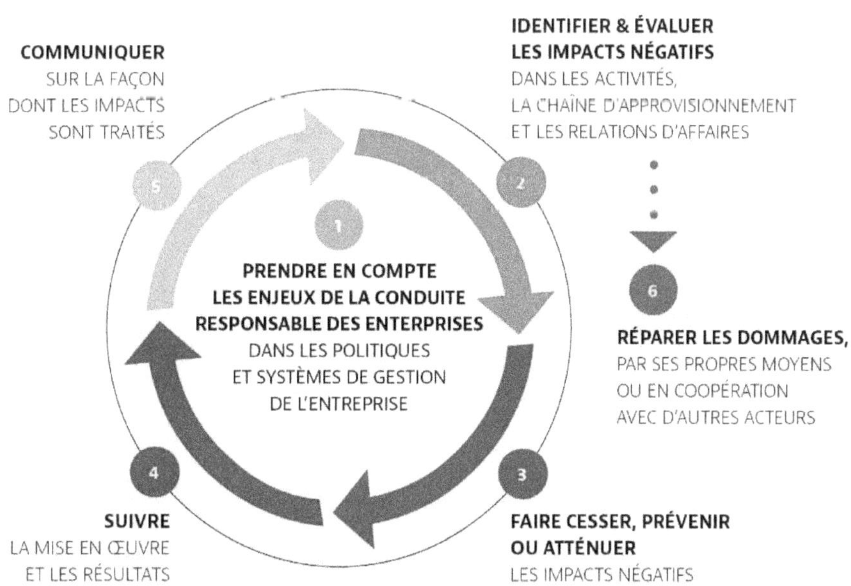

Sources : OCDE (2018[3]), Guide OCDE sur le devoir de diligence pour une conduite responsable des entreprises, https://www.oecd.org/fr/daf/inv/mne/Guide-OCDE-sur-le-devoir-de-diligence-pour-une-conduite-responsable-des-entreprises.pdf

Encadré 2. Qu'entend-on par « impacts négatifs » et « risques » ?

Les Principes directeurs de l'OCDE à l'intention des entreprises multinationales reconnaissent que les entreprises peuvent contribuer de manière positive aux économies et aux communautés locales. Ils reconnaissent également que les activités des entreprises peuvent avoir des impacts négatifs en termes de gouvernance et de corruption, ainsi que sur les travailleurs, les droits de l'homme, l'environnement et les consommateurs. Dans le contexte du cacao, les impacts négatifs peuvent être en lien avec le travail des enfants, le travail forcé et le trafic d'êtres humains, les problèmes de déforestation, les défis en matière de pauvreté et de salaires décents, et les rémunérations et les conditions de travail dans la transformation et le transport du cacao.

Nombreuses sont les entreprises qui appréhendent les « risques » avant tout comme des risques qui les menacent directement (risque financier, risque de marché, risque opérationnel, risque pour leur réputation, etc.). Toutefois, les recommandations de l'OCDE sur la conduite responsable des entreprises s'intéressent plutôt aux éventuels impacts négatifs sur les populations, l'environnement et la société que les entreprises peuvent provoquer, auxquels elles peuvent contribuer ou auxquels elles sont directement liées. En d'autres termes, il s'agit d'une approche des risques tournée vers l'extérieur.

Sources : OCDE (2018[3]), *Guide OCDE sur le devoir de diligence pour une conduite responsable des entreprises*, https://www.oecd.org/fr/daf/inv/mne/Guide-OCDE-sur-le-devoir-de-diligence-pour-une-conduite-responsable-des-entreprises.pdf

Comprendre la responsabilité des entreprises en matière d'impacts négatifs

Une entreprise peut soit « causer » des impacts négatifs, soit y « contribuer », soit « être directement liée » à ces impacts par le biais de ses relations d'affaires. Les mesures qu'elle prend pour remédier à ces impacts négatifs varient selon son degré d'implication dans ces impacts : il peut s'agir de mettre fin aux actions qui provoquent ces impacts ou y contribuent, ou d'user de son influence pour les atténuer ou influer sur les entités causant les impacts négatifs ou y contribuant (voir le Graphique 5).

Comprendre le lien qu'entretient une entreprise avec les impacts négatifs comme le travail des enfants et le travail forcé est un élément clé de la formulation et de la mise en place d'initiatives de lutte contre ces impacts. Les entreprises sont invitées à approfondir leur compréhension de leur lien avec un impact négatif en consultant le Guide OCDE sur le devoir de diligence qui explique plus en détail ce que signifie causer des impacts négatifs, y contribuer et y être directement lié.

Graphique 5. Lutter contre les impacts négatifs avérés et potentiels

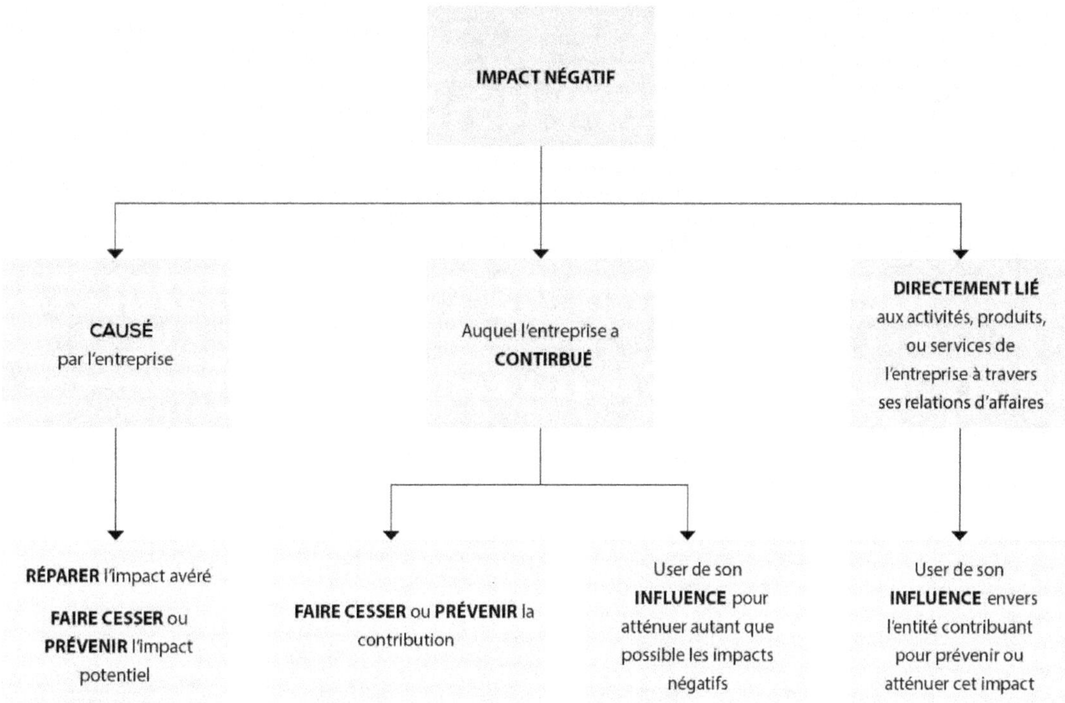

Source : OCDE (2018[3]), *Guide OCDE sur le devoir de diligence pour une conduite responsable des entreprises*, https://www.oecd.org/fr/daf/inv/mne/Guide-OCDE-sur-le-devoir-de-diligence-pour-une-conduite-responsable-des-entreprises.pdf

Le Tableau 1 donne des exemples illustrant ce que ce lien avec ces atteintes peut signifier pour les entreprises du secteur de cacao en termes de problématiques de travail des enfants et de travail forcé.

Tableau 1. Exemples aidant à définir le lien d'une entreprise avec les impacts sur le travail des enfants et le travail forcé

L'entreprise…	Exemples dans le secteur du cacao
Cause (ou causerait) un impact négatif si ses activités suffisent pour entraîner à elles seules cet impact négatif.	• Une entreprise emploie directement des enfants n'ayant pas l'âge minimum pour travailler fixé par la législation nationale (ou par la Convention n° 138 de l'OIT) ou elle fait appel à des personnes âgées de moins de 18 ans pour effectuer des travaux dangereux (p. ex. défrichement de terres, exposition à des produits chimiques agricoles dangereux, utilisation d'outils tranchants, port de charges lourdes, etc.).
Contribue (ou contribuerait) à un impact négatif si cet impact est occasionné par ses activités, combinées à celles d'autres entités, ou si ses activités occasionnent, facilitent ou encourageant la réalisation d'un tel impact par une autre entité. Cette contribution doit être substantielle, c'est-à-dire qu'elle ne doit pas être mineure ou négligeable.	• Un négociant de cacao est depuis longtemps le principal acheteur de cacao auprès d'une coopérative connue comme ayant massivement recours au travail des enfants. Si le négociant continue d'acheter du cacao à cette coopérative sans tenter d'user de son influence pour prévenir ou atténuer le travail des enfants, on peut considérer qu'il contribue au travail des enfants.
Est directement liée (ou serait directement liée) à un impact négatif par la relation entre cet impact négatif et les produits, services ou activités de l'entreprise, par l'intermédiaire d'une autre entité (c'est-à-dire une relation d'affaires).	• Un fonds de pension investit dans un fonds qui à son tour investit dans une coopérative qui a recours au travail des enfants. De ce fait, le fonds de pension est directement lié à des impacts négatifs sur les droits de l'homme. • Un négociant de cacao s'approvisionne auprès d'une petite exploitation agricole qui ne paie pas ses travailleurs avant la fin de la récolte. Les travailleurs ne peuvent pas quitter leur emploi librement. • Un confiseur achète son chocolat auprès d'une coopérative qui a recours au travail des enfants.

Sources : OCDE/FAO (2016[2]), Guide OCDE-FAO pour des filières agricoles responsables, https://www.oecd-ilibrary.org/fr/agriculture-and-food/guide-ocde-fao-pour-des-filieres-agricoles-responsables_9789264264038-fr ; OIT/OIE (2015[5]), Comment faire des affaires en respectant le droit des enfants à ne pas être astreints au travail des enfants : Outil d'orientation de l'OIT et de l'OIE sur le travail des enfants à l'intention des entreprises, https://www.ilo.org/ipec/Informationresources/WCMS_IPEC_PUB_28416/lang--fr/index.htm

Étape 1 : Intégration de la conduite responsable des entreprises et de l'exercice du devoir de diligence dans les politiques et systèmes de gestion

La première étape du cadre de l'OCDE sur le devoir de diligence consiste à faire en sorte que les entreprises disposent de politiques et de systèmes de gestion solides. Le présent chapitre explique ce que cela signifie pour les entreprises qui mettent en œuvre des pratiques de diligence raisonnable dans les chaînes d'approvisionnement du cacao, notamment en termes d'impacts sur les droits de l'homme, comme le travail des enfants et le travail forcé.

Questions stratégiques que les entreprises doivent se poser

- Est-ce que votre entreprise dispose d'un document de politique accessible au grand public dans lequel elle s'engage à respecter les droits de l'homme reconnus à l'échelle internationale, notamment les droits de l'enfant et le droit à ne pas être astreint à un travail forcé ?
- Est-ce que cette politique reprend des normes internationales pertinentes de l'OIT relatives au travail des enfants et au travail forcé, et l'entreprise s'engage-t-elle à faire preuve de diligence en suivant l'approche de l'OCDE ?
- Cette politique a-t-elle été approuvée au plus haut niveau de l'entreprise et les responsabilités de supervision de la mise en œuvre de cette politique ont-elles été clairement définies ?
- Avez-vous mis en place un système de contrôle et de transparence sur toute la chaîne d'approvisionnement du cacao ? Il peut s'agir d'un système de chaîne de responsabilité (p. ex. à l'aide de documents) ou d'un programme de traçabilité, voire de l'identification des acteurs situés en amont de la chaîne d'approvisionnement du cacao.
- Est-ce que vos fournisseurs savent comment vous vous conformez à votre politique d'entreprise relative aux droits de l'homme, y compris en matière de problématiques liées au travail des enfants et au travail forcé ? Tout cela figure-t-il dans les contrats signés avec les fournisseurs ?
- Existe-t-il un système de transmission ou de traitement des plaintes / problématiques en lien avec le travail des enfants et le travail forcé que peuvent utiliser le personnel, les partenaires commerciaux, les communautés locales et toute autre partie prenante ?

Intégration des pratiques de diligence raisonnable en matière de conduite responsable des entreprises dans les politiques et systèmes de gestion

Établir et/ou mettre à jour des politiques faisant clairement référence au travail des enfants et au travail forcé

- Les politiques des entreprises doivent refléter leur engagement à lutter contre le travail des enfants et le travail forcé, tout en respectant les droits de l'enfant conformément aux règles nationales et internationales (p. ex. celles de l'OIT) et aux recommandations de l'OCDE relatives au devoir de diligence fondée sur les risques. Si le travail des enfants et le travail forcé sont reconnus comme des enjeux liés aux droits de l'homme dans le secteur du cacao, les politiques peuvent traiter d'autres problématiques touchant aux droits de l'homme telles que la liberté d'association, l'égalité de genre, la santé et la sécurité sur le lieu de travail, les droits fonciers, l'accès à la terre, ainsi que l'utilisation durable des ressources naturelles (le sol et l'eau) et la protection des forêts et de la biodiversité (OCDE/FAO, 2016[2]).
- Les entreprises sont encouragées à déclarer que la politique s'applique tout le long de la chaîne d'approvisionnement, y compris au niveau des exploitations agricoles.
- Les règles doivent s'appliquer également à tout le monde.
- Les politiques doivent être approuvées au plus haut niveau hiérarchique de l'entreprise et être régulièrement réexaminées afin de prendre en considération les nouveaux risques qui se posent dans le cadre des activités, de la chaîne d'approvisionnement et des relations d'affaires de l'entreprise du secteur du cacao. Par exemple, elles peuvent être mises à jour pour prendre en compte les changements affectant les zones d'approvisionnement, les nouveaux risques pesant

sur les droits de l'homme dans la chaîne d'approvisionnement du cacao et l'évolution des normes internationales et des législations nationales[6].

- Les politiques peuvent inclure un engagement à collaborer avec les agriculteurs et leurs communautés, avec les gouvernements, la société civile et d'autres parties prenantes concernées pour lutter contre les causes fondamentales du travail des enfants et du travail forcé.

Structurer les systèmes de gestion interne et les ressources humaines à l'appui de l'exercice du devoir de diligence

Sur la base des politiques élaborées, les systèmes de gestion interne et les ressources humaines peuvent encourager davantage l'exercice d'une diligence raisonnable par le biais de mesures complémentaires, et notamment :

- Préciser l'engagement de la direction de l'entreprise et dédier un budget à la formation du personnel, élaborer un programme pour faire face aux risques et impacts sur les droits de l'homme, comme le travail des enfants et le travail forcé.
- Renforcer la capacité des fournisseurs et des PME à exercer un devoir de diligence raisonnable efficace afin d'atténuer les risques et les impacts sur les droits de l'homme, y compris le travail des enfants et le travail forcé.
- Former le personnel sur les problématiques de travail des enfants et de travail forcé en assurant une bonne compréhension des enjeux complexes qui caractérisent l'atténuation de ces impacts négatifs.

Mettre en place un système de contrôle et de transparence de la filière

Pour correctement identifier et traiter les impacts avérés et potentiels sur les droits de l'homme (comme le travail des enfants et le travail forcé) dans la chaîne d'approvisionnement, l'OCDE recommande que les entreprises (en amont et en aval) mettent en place un système de contrôle et de transparence tout le long de la chaîne d'approvisionnement. La mise en place d'un système de ce type dépend du maillon de la chaîne d'approvisionnement où se trouvent les entreprises et de la visibilité et du contrôle qu'elles ont sur cette chaîne.

La mise en place d'un tel système de contrôle peut se faire par une approche de chaîne de responsabilité (fondée sur des documents, comme des fichiers répertoriant l'âge des travailleurs) ou un système de traçabilité ou de certification. Les politiques de l'entreprise doivent expliquer ces systèmes et la manière dont ils sont intégrés dans les systèmes de gestion de l'entreprise. Il convient de noter que les mécanismes de certification sectorielle peuvent contribuer à soutenir le devoir de diligence d'une entreprise mais ne doivent en aucun cas le remplacer. L'entreprise reste la seule responsable du devoir de diligence.

Faire connaître publiquement ces politiques et les communiquer à tout le personnel et à l'ensemble des fournisseurs, partenaires commerciaux et parties prenantes concernées

La politique doit être diffusée à un maximum d'employés et de partenaires commerciaux, tels que les agriculteurs, négociants et transformateurs, exportateurs et importateurs de fèves de cacao, ainsi qu'à d'autres parties prenantes concernées comme des entités participant à des initiatives multipartites ou sectorielles, les pouvoirs publics nationaux / régionaux des pays producteurs de cacao, les ONG locales et les organisations communautaires. Les entreprises sont incitées à :

- S'assurer que le personnel et les fournisseurs de leur chaîne d'approvisionnement en cacao comprennent ce que sont les droits de l'homme, notamment en matière de travail des enfants et de travail forcé, qu'ils connaissent les indicateurs sectoriels et thématiques pouvant être utilisés pour évaluer les risques et les impacts dans la chaîne d'approvisionnement, et qu'ils savent comment informer la direction de leur entreprise si de tels impacts sont décelés.

- Élaborer un argumentaire commercial en faveur de la politique, en énonçant clairement les responsabilités dévolues à chaque département et en reliant les actions aux obligations juridiques et aux attentes des clients. Désigner des personnes responsables de la mise en place des politiques dans les différents départements, par exemple, les services juridiques, d'achats, de collaboration avec les parties prenantes et les fournisseurs, des affaires publiques, etc.
- Développer, communiquer et maintenir une structure chargée de rendre des comptes en interne au sein de votre entreprise au niveau des points de jonction clés. Des groupes plurifonctionnels peuvent partager les informations et la prise de décisions concernant les risques et impacts avérés, ainsi que l'état d'avancement des activités de votre entreprise en matière de diligence raisonnable dans la chaîne d'approvisionnement du cacao.

Intégrer les attentes relatives au devoir de diligence dans les contrats ou accords écrits conclus avec les fournisseurs

- Inclure des dispositions relatives au travail des enfants et au travail forcé, et à tous les autres risques pesant sur les droits de l'homme, dans les contrats signés avec les fournisseurs, les codes de conduite et autres formes d'accords écrits. Les attentes des entreprises, y compris les obligations contractuelles prévoyant des sanctions en cas d'infraction, doivent être clairement communiquées. Les documents de politiques doivent être traduits et mis à disposition des fournisseurs et des partenaires commerciaux dans leur langue maternelle.
- Communiquer ce qui est attendu des fournisseurs pour que les politiques de votre entreprise s'appliquent également à toute la chaîne d'approvisionnement et pour mettre en place un système de contrôle et de transparence. Les haut responsables au sein des fournisseurs et prestataires peuvent faire connaître les exigences de votre entreprise en matière de diligence raisonnable et mettre en avant les entreprises exemplaires en la matière afin de promouvoir l'apprentissage mutuel.
- Face à une entreprise qui s'approvisionne auprès de fournisseurs soupçonnés de recourir au travail des enfants ou au travail forcé, envisager d'inclure des dispositions contractuelles prévoyant des visites inopinées chez les fournisseurs ou d'exiger d'eux qu'ils adoptent le système de contrôle de l'entreprise.
- Former les fournisseurs, tout particulièrement les PME, pour qu'ils mettent en œuvre des pratiques de diligence raisonnable fondée sur les risques afin de remédier aux impacts négatifs, notamment le travail des enfants et le travail forcé. Il peut s'agir entre autres de promouvoir le présent Manuel auprès des fournisseurs en élaborant un cadre standardisé de signalement des risques et impacts avérés, de communiquer des exemples de politiques relatives au travail des enfants et au travail forcé adoptées par des fournisseurs et d'aider ces derniers à consolider leurs systèmes d'évaluation pour garantir leur conformité (systèmes de vérification de l'âge des enfants, par exemple).
- Collaborer avec les fournisseurs afin de lever les obstacles à la mise en œuvre de pratiques de diligence raisonnable, par exemple en augmentant la part de cacao issu d'un approvisionnement direct et en utilisant des systèmes de traçabilité nationaux afin d'améliorer la visibilité de l'approvisionnement du cacao, des intermédiaires aux négociants.

Encadré 3. Ce que les PME peuvent envisager de faire

- Consulter les initiatives menées par les associations locales de travailleurs, les acteurs du secteur et les différentes parties prenantes au moment de formuler des politiques de diligence raisonnable car elles peuvent donner des exemples de bonnes pratiques dont vous pouvez vous inspirer. La plupart des documents correspondants sont en accès libre.
- Travailler avec d'autres professionnels et organisations du secteur du cacao pouvant impliquer les parties prenantes sur le terrain ou à une échelle internationale, ou encourager la formation du personnel et des fournisseurs sur les pratiques de diligence raisonnable, en particulier les risques de travail des enfants et de travail forcé.
- Vérifier les ressources qui sont en accès libre et mises à disposition par des organisations internationales comme l'OCDE, l'OIT, l'UNICEF (Fonds des Nations Unies pour l'enfance) et la FAO (Organisation des Nations Unies pour l'alimentation et l'agriculture) sur le travail des enfants à l'intention des entreprises et sur ce que les entreprises peuvent faire pour remédier à ces risques.
- Désigner un(e) responsable des droits de l'homme, même s'il ne s'agit pas d'un poste à plein temps. Il est préférable de privilégier des relations hiérarchiques simples et peu cloisonnées au sein des plus petites entreprises, avec une coordination plurifonctionnelle et une plus grande implication des décideurs de haut niveau.

Étape 2 : Identifier, évaluer et hiérarchiser les risques de travail des enfants et de travail forcé associés à la filière

En adéquation avec l'Étape 2 du cadre de l'OCDE sur le devoir de diligence, le présent chapitre explique comment les entreprises peuvent acquérir une vision complète de leur chaîne d'approvisionnement du cacao afin d'identifier, d'évaluer et de hiérarchiser les impacts potentiels et avérés sur les droits de l'homme, tels que le travail des enfants et le travail forcé.

Questions stratégiques que les entreprises doivent se poser

- Avez-vous cartographié votre chaîne d'approvisionnement du cacao afin d'identifier vos principales relations d'affaires ?
- Savez-vous précisément dans quelles conditions vos fèves de cacao / fèves broyées ont été récoltées, transformées et transportées ?
- Avez-vous examiné les pratiques de gestion des risques des fournisseurs de la chaîne d'approvisionnement du cacao là où il existe des risques de travail des enfants et de travail forcé ?
  - À l'intention des **fabricants, marques, détaillants (et dans certains cas des transformateurs)** : Avez-vous recensé les « points de contrôle » dans la chaîne d'approvisionnement du cacao ? Pouvez-vous dialoguer avec ces points de contrôle pour vérifier qu'ils exercent une diligence raisonnable dans le respect des recommandations de l'OCDE ?
  - À l'intention des **transformateurs (le cas échéant), négociants, distributeurs, transporteurs, exploitations agricoles et coopératives :** Connaissez-vous la provenance de vos fèves de cacao et de vos matières premières ? Par exemple, de quels pays, de quelles exploitations agricoles, de quels intermédiaires, au-delà de vos fournisseurs directs ?
- Suite au recensement des risques, une évaluation des risques et une hiérarchisation des impacts négatifs sur les droits de l'homme sont-elles effectuées en fonction de la probabilité de survenue et de la gravité, plutôt qu'en privilégiant ceux les plus faciles à réparer ?
- Votre entreprise dialogue-t-elle avec les parties prenantes concernées pour comprendre le contexte local et le rôle de ces dernières dans l'identification et l'évaluation des risques pour les droits de l'homme, y compris pour le travail des enfants et le travail forcé ?

Identifier et évaluer les impacts négatifs avérés et potentiels en matière de droits de l'homme liés aux activités, produits et services des entreprises

Cartographier la chaîne d'approvisionnement

Les entreprises doivent effectuer une cartographie très précise de la chaîne d'approvisionnement et ne cesser de l'améliorer afin d'en obtenir une vision aussi complète que possible. Une cartographie toujours plus précise exige d'identifier les différents acteurs impliqués, y compris, si besoin est, les noms des fournisseurs directs et partenaires commerciaux, ainsi que les lieux où s'exercent les activités.

D'autres informations peuvent venir en complément de la cartographie, comme les données émanant de programmes de certification et de traçabilité, d'agréments accordés aux entreprises, de synthèses de rapports d'audit rendues publiques et d'inscriptions aux registres des visites de sites de production, de transformation et de stockage de cacao. L'étendue des informations recueillies par les entreprises et les partenaires commerciaux dépend de la gravité des risques (qui peut être élevée en cas de travail des enfants et de travail forcé) et du lien plus ou moins étroit qu'entretient l'entreprise avec le risque identifié.

En amont ou en aval ? Les recommandations de l'OCDE concernant le devoir de diligence pour les chaînes d'approvisionnement classent généralement les entreprises en deux catégories : les entreprises en amont et celles en aval. Dans le secteur agricole, les entreprises de production sont considérées comme des entreprises en amont de la chaîne d'approvisionnement. Comme indiqué précédemment, il s'agit entre autres des agriculteurs (petites et grandes exploitations familiales), des organisations d'agriculteurs, des coopératives et des entreprises privées, ainsi que des entreprises qui investissent dans le foncier et gèrent directement les exploitations agricoles et les plantations. Toutes les autres entreprises (c'est-à-dire les grossistes, les négociants, les sociétés de transport, les fabricants de produits alimentaires, les producteurs de boissons et d'aliments, de textile et de biocarburant, ainsi que les détaillants et les supermarchés) sont considérées comme des entreprises en aval de la chaîne d'approvisionnement[7]. Cette différenciation ne s'applique pas strictement à toutes les entreprises du secteur du cacao. Alors que les agriculteurs et les coopératives sont généralement considérés comme étant situés en amont, et les fabricants, les marques et les détaillants en aval, les transformateurs (broyeurs), négociants, distributeurs et transporteurs ne peuvent pas toujours être placés dans une seule de ces deux catégories car tout dépend de leur modèle d'affaires et de la zone où ils exercent leurs activités. Nous avons donc, dans le présent Manuel, dressé une liste des différents types d'entreprises auxquelles s'applique chaque recommandation.

Les entreprises en aval (comme les fabricants, les marques et les détaillants, et dans certains cas les transformateurs), qui sont séparées de la source de production du cacao par plusieurs maillons de la chaîne, ne sont pas toujours en mesure de recenser l'ensemble de leurs fournisseurs et de leurs partenaires commerciaux. Pour y parvenir, elles peuvent être amenées à collaborer avec des fournisseurs indirects et primaires, des parties prenantes ou des initiatives sectorielles ou multipartites. Les entreprises en aval, quant à elles, doivent s'employer à affiner en permanence leur compréhension de leurs relations d'affaires, en donnant la priorité au cacao provenant de pays, régions et communautés où le risque de travail des enfants et de travail forcé est le plus élevé.

- Les **exploitations agricoles et coopératives** doivent être en mesure de fournir le nom de l'unité de production et/ou de la coopérative, l'adresse et l'identification du site, les coordonnées détaillées du responsable du site, les quantités de cacao produites, les dates et méthodes de production, le nombre de travailleurs en fonction de leur âge et de leur genre, une liste des pratiques de gestion des risques, les itinéraires de transport et les évaluations des risques qui ont été effectuées.
- Les **transformateurs, transporteurs, négociants et distributeurs** peuvent demander aux producteurs de leur fournir les informations susmentionnées et veiller à documenter ces mêmes informations concernant leurs propres activités. Si aucune information n'est disponible, des mesures doivent être prises pour les collecter en association avec les exploitants agricoles et les coopératives. Les informations doivent être vérifiées en procédant à des visites sur le terrain, chaque fois que cela est possible. Les grands négociants de cacao utilisent un système GPS (Global Positioning System) pour obtenir les coordonnées des exploitations agricoles et des coopératives dans les pays à plus haut risque. Une fois la cartographie achevée, ces informations peuvent servir à identifier des facteurs de risque plus spécifiques au travail des enfants et au travail forcé, ainsi que d'autres risques importants tels que la déforestation, au niveau régional et communautaire.
- Les **fabricants, marques et détaillants** doivent déterminer les informations qui existent et qui sont diffusées par leurs partenaires commerciaux en amont, et les intégrer dans la cartographie de leur chaîne d'approvisionnement. Les entreprises en aval doivent recenser les sociétés exerçant des activités aux points de contrôle de la chaîne d'approvisionnement pour ensuite collaborer avec elles de sorte à vérifier qu'elles exercent leur devoir de diligence conformément aux recommandations de l'OCDE.

Les **points de contrôle** désignent des entreprises qui exercent des activités au niveau des principaux points de transformation de la chaîne d'approvisionnement, qui ont une plus grande visibilité et qui exercent une influence sur les fournisseurs en amont[8]. Les points de contrôle se situent généralement au niveau de segments de la chaîne d'approvisionnement où peu d'acteurs sont présents, qui transforment la majorité des matières premières dont il est question et qui ont une bonne visibilité sur les conditions de production et de négoce de la chaîne d'approvisionnement en amont. Les points de contrôle de la chaîne d'approvisionnement du cacao peuvent être, entre autres, des négociants, des broyeurs et des exportateurs ou importateurs de cacao.

Identifier les risques et les impacts au niveau de chaque segment de la chaîne d'approvisionnement

Une fois la chaîne d'approvisionnement cartographiée, les entreprises doivent recenser les principaux impacts et risques pour les droits de l'homme qui existent tout au long de cette chaîne. Le Graphique 6 présente un schéma simplifié illustrant la chaîne d'approvisionnement du cacao et des maillons où résident généralement les risques pour les droits de l'homme, notamment les risques de travail des enfants et de travail forcé.

Cette étape de diligence raisonnable peut être menée à l'aide de rapports sur la chaîne d'approvisionnement et le secteur du cacao, d'informations obtenues auprès de fournisseurs et d'associations sectorielles, d'initiatives multipartites, de rapports d'investigation d'ONG et d'organisations internationales portant sur les impacts du travail des enfants et du travail forcé, ainsi que de rapports d'études de l'entreprise sur son secteur d'activité et les problématiques actuelles en matière de droits de l'homme.

Graphique 6. Risques pour les droits de l'homme au sein de la chaîne d'approvisionnement du cacao

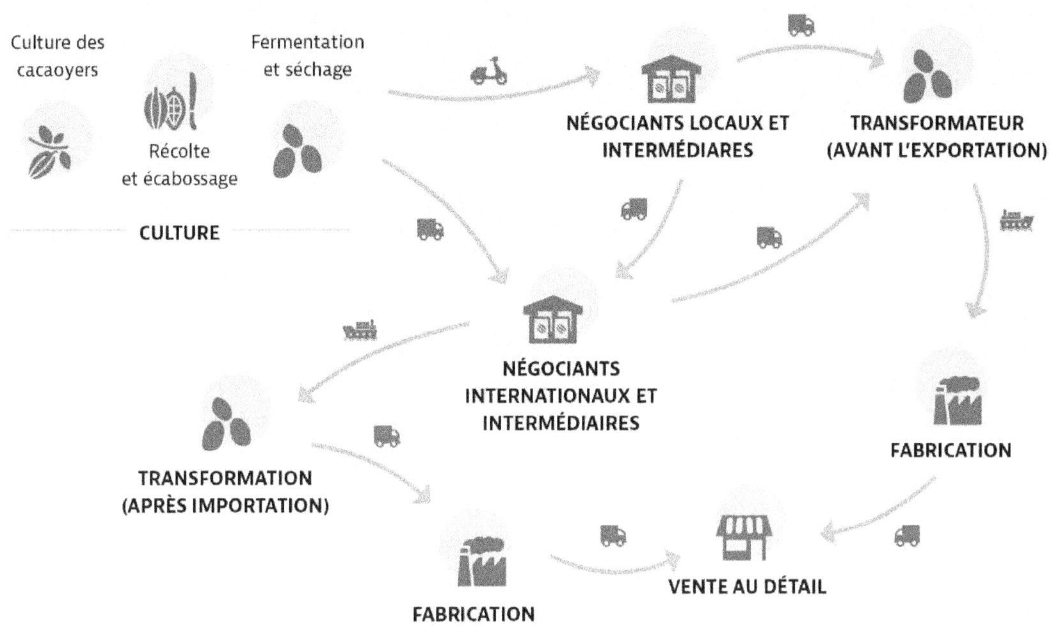

CULTURE

- Travail des enfants
- Revenu inférieur au minimum vital
- Discrimination de genre
- Violations des droits fonciers
- Santé et sécurité sur le lieu de travail
- Liberté syndicale
- Travail forcé et traite des êtres humains

TRANSPORT LOCAL

- Conditions de travail
- Horaires de travail trop longs
- Santé et sécurité sur le lieu de travail

TRANSFORMATION

- Salaires inférieurs au minimum vital
- Liberté syndicale
- Conditions de travail
- Discrimination

EXPÉDITION

- Conditions de travail
- Horaires de travail trop longs
- Santé et sécurité sur le lieu de travail
- Travail forcé (être forcé de travailler au-delà des stipulations du contrat)

FABRICATION

- Liberté syndicale
- Horaires de travail trop longs
- Discrimination

VENTE AU DÉTAIL

- Liberté syndicale
- Horaires de travail trop longs
- Conditions de travail

Sources : adapté du document de l'UNICEF (2018[23]), Les droits de l'enfant dans les zones cacaoyères de Côte d'Ivoire : Rapport de synthèse, https://sites.unicef.org/csr/css/synthesis-report-children-rights-cocoa-communities-en.pdf ; fondation ICI (2020[24]), Cocoa Barometer 2020, https://www.cocoainitiative.org/knowledge-hub/resources/2020-cocoa-barometer.

Évaluer les risques et les impacts du travail des enfants et du travail forcé dans les chaînes d'approvisionnement du cacao

Une fois identifiés l'ensemble des risques et impacts dans la chaîne d'approvisionnement, les entreprises peuvent procéder à une évaluation plus détaillée des risques et impacts concernant le travail des enfants et le travail forcé.

Il est important, au moment de procéder à une évaluation des risques, de :

- Réexaminer régulièrement chaque étape de la production et du négoce, et appréhender les tendances nouvelles et émergentes, notamment les incitations au travail des enfants et au travail forcé dans la région, le type et la taille des exploitations agricoles, ainsi que les causes d'ordre politique, juridique, économique, social ou contextuel pouvant conduire au travail des enfants et au travail forcé.
- Collaborer avec les autorités et parties prenantes locales sur le terrain pour encourager les évaluations des risques et le suivi au niveau des exploitations agricoles.
- Mettre en place des systèmes tels que des Systèmes de suivi et de remédiation du travail des enfants (SSRTE) afin de prévenir, d'identifier et de lutter contre le travail des enfants et le travail forcé, et rendre compte des résultats aux hauts responsables désignés.

Les entreprises exerçant des activités dans le secteur du cacao seront davantage susceptibles d'avoir identifié le travail des enfants et le travail forcé comme d'importants enjeux pour les droits de l'homme au niveau des exploitations agricoles. Le SSRTE est un outil pouvant contribuer à une identification et à une évaluation des risques plus précises (en plus de fournir une aide à la prévention et à la réparation). Les SSRTE s'articulent autour de relais communautaires (souvent les agriculteurs eux-mêmes) qui sont en lien avec les coopératives productrices de cacao. Ces relais se rendent dans les foyers, sensibilisent aux dangers du travail des enfants et identifient les enfants contraints d'effectuer des tâches dangereuses. L'Encadré 4 fournit de plus amples informations sur les SSRTE.

Encadré 4. À quel stade de la diligence raisonnable fondée sur les risques peut-on utiliser les Systèmes de suivi et de remédiation du travail des enfants (SSRTE) ?

Les SSRTE peuvent être un bon moyen d'exercer une diligence raisonnable concernant les droits de l'homme dans le domaine du travail des enfants. L'OIT est à l'origine de ce concept visant à mesurer le travail des enfants dans un large éventail de contextes géographiques et de chaînes d'approvisionnement. En 2012, la fondation ICI a adapté les SSRTE au secteur du cacao et désormais, de nombreuses entreprises les utilisent.

Une récente étude comparative indique qu'un SSRTE efficace (ICI, 2021[25]) doit remplir quatre fonctions essentielles qui sont les suivantes :

- Sensibiliser les agriculteurs, les enfants et les membres de la communauté au travail des enfants et aux dommages qui en résultent.
- Identifier les enfants astreints au travail grâce à un processus de suivi actif, en utilisant des outils de collecte de données standardisés.
- Fournir un soutien préventif et correctif aux enfants contraints de travailler et aux autres personnes à risque, et documenter le soutien fourni.
- Assurer le suivi des enfants identifiés comme étant astreints au travail pour contrôler régulièrement leur statut jusqu'à ce qu'ils échappent à cette situation.

Graphique 7. Systèmes de suivi et de remédiation du travail des enfants (SSRTE) de la fondation ICI

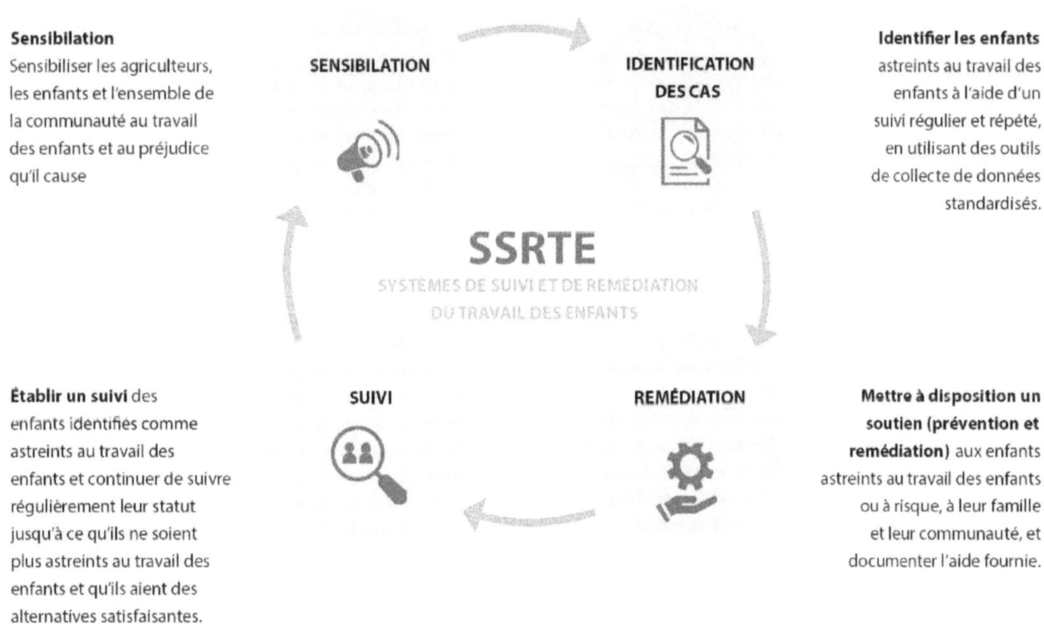

Note : Pour en savoir plus, voir la section intitulée « *Étendre l'ampleur et les impacts de la lutte contre le travail des enfants et le travail forcé par la collaboration : réparer les impacts négatifs par ses propres moyens ou en coopération avec d'autres acteurs, si nécessaire.* »
Source : adapté de la fondation ICI (s.d.[26]), Systèmes de suivi et de remédiation du travail des enfants : Introduction, https://clmrs.cocoainitiative.org/fr/introduction

Ressources pour aider les entreprises à évaluer les risques et les impacts du travail des enfants et du travail forcé

Il existe un grand nombre de ressources utiles pouvant aider les entreprises à évaluer les risques et les impacts du travail des enfants et du travail forcé. Le Tableau 2 peut servir de guide pour aider les entreprises à évaluer le niveau de risque de travail des enfants et de travail forcé associé aux différents indicateurs.

Tableau 2. Thèmes et indicateurs de risques pour l'évaluation du travail des enfants et du travail forcé dans le secteur de l'approvisionnement en cacao

Thèmes	Indicateurs	Exemples de questions	Sources d'information
Niveau de développement du pays ou de la région de provenance du cacao	**Économiques** • Pauvreté et taux de chômage élevés ; fort recours au travail informel • Salaire minimum vital non versé aux travailleurs agricoles (y compris dans le secteur du cacao) ou salaire inapproprié • Présence de risques climatiques pouvant réduire la productivité des exploitations agricoles, se répercuter sur les recettes et faire baisser les niveaux de revenus (pauvreté) **Sociaux et contextuels** • Inégalité de genre profondément ancrée dans les normes sociales • Présence et caractéristiques de discrimination fondée sur la religion ou l'origine ethnique • Pourcentage d'enfants qui vont à l'école secondaire par rapport au pourcentage d'enfants déscolarisés • Existence et qualité du système d'enseignement public gratuit Problèmes pouvant entraver l'accès à l'éducation (prix des uniformes et des équipements, des fournitures scolaires, compléments de salaire des enseignants, frais d'internat, etc.), frais informels (par exemple, pots-de-vin), violence au sein des établissements scolaires, absence d'installations d'eau et d'assainissement, normes culturelles et discrimination fondée sur le genre • Niveau d'organisation des agriculteurs et prédominance de coopératives fonctionnelles et efficaces de cacao représentant et soutenant les agriculteurs • Caractéristiques de la main-d'œuvre : disponibilité d'une main-d'œuvre adulte, recours à des travailleurs saisonniers ou journaliers, présence de travailleurs migrants	• Dans quels pays l'entreprise s'approvisionne-t-elle ? Le salaire minimum est-il versé dans chaque pays ? Si des données sont disponibles, quel est le salaire minimum vital dans chaque pays ? • Les petits exploitants agricoles jouent-ils un rôle clé dans l'économie ? • Les systèmes d'enregistrement des agriculteurs et coopératives fonctionnent-ils correctement ? Sont-ils efficaces et permettent-ils aux agriculteurs d'être correctement représentés ? • Dans ces pays, quels sont les régions et les districts où le risque de travail des enfants et de travail forcé est le plus élevé ?	• Indice de développement humain du PNUD • Statistiques par pays de l'UNICEF • Plateforme des entreprises dans le domaine des droits de l'enfant • Profils de pays de la Banque mondiale • Base de données GMAP de la Société financière internationale (SFI) (la carte mondiale des risques environnementaux et sociaux dans la production de matières premières agricoles) • Base de données par pays de l'OIT-IPEC • Plateforme de connaissances sur l'agriculture familiale de la FAO • Baromètre du cacao • Département d'État des États-Unis – Rapports sur les droits de l'homme et rapports sur le travail des enfants et le travail forcé (liste des pays et des produits concernés) • Global Slavery Index de Walk Free • Bases de données nationales des ministères de l'Agriculture, du Travail ou de l'Éducation des pays concernés • Portail de données sur la migration de l'OIM • La Communauté de pratique sur le revenu minimum vital par GIZ / ISEAL / Sustainable Food Lab
Cadre international (cadre juridique et politique)	• Adoption de cadres internationaux importants et ratification de conventions internationales	• Les instruments internationaux et régionaux relatifs au travail forcé ont-ils été ratifiés ? • Les instruments internationaux et régionaux relatifs au travail des enfants ont-ils été ratifiés ?	• Base de données sur les normes internationales du travail de l'OIT (NORMLEX) • Observatoire sur le travail forcé de l'OIT • Plateforme des entreprises dans le domaine des droits de l'enfant

Thèmes	Indicateurs	Exemples de questions	Sources d'information
Contexte réglementaire national (cadre juridique et politique)	• Contexte réglementaire national • Solidité des institutions publiques et des dispositifs d'application de la loi relatifs au travail des enfants et au travail forcé • Existence de services sociaux • Existence de la liberté d'association et de droits de négociation collective dans le droit du travail • Présence d'une gouvernance solide en matière de migration du travail • Existence d'un système solide de droits fonciers qui tient compte des besoins particuliers des femmes, des migrants et autres populations • Existence de garde-fous et de mesures de protection des droits des populations autochtones et des minorités ethniques et religieuses • Réglementations ou cadres politiques mis en place (tels que des plans d'action nationaux relatifs aux entreprises et aux droits de l'homme et des pratiques de diligence raisonnable en matière de droits de l'homme), avec un accompagnement des entreprises pour qu'elles adoptent une conduite responsable	• Que dit la législation nationale à propos du travail des enfants, notamment en ce qui concerne les secteurs et âges ? Est-elle la même pour tout le monde, indépendamment du genre ? • Quelles tâches sont considérées comme des tâches dangereuses pour les enfants dans le pays ? • Que dit la législation nationale du travail forcé et de la traite d'êtres humains ? • Les normes nationales relatives au travail des enfants diffèrent-elles des normes internationales en la matière ? • Les normes nationales relatives au travail forcé diffèrent-elles des normes internationales en la matière ? • Comment la loi sur le travail des enfants s'applique-t-elle dans le pays concerné ? Existe-t-il un plan d'action national pour encadrer le travail des enfants ? Ou le pays est-il un pays pionnier de l'Alliance 8.7 ? • Comment la loi sur la liberté d'association et les droits de négociation collective s'appliquent-ils dans le pays concerné ? • Comment les lois sur le travail forcé et sur la traite d'êtres humains s'appliquent-elles dans le pays concerné ? Existe-t-il un plan d'action national de lutte contre ces phénomènes ? • Existe-t-il un dispositif fiable et pérenne de suivi du travail des enfants dans le pays ? Concerne-t-il tous les secteurs ? • Existe-t-il, dans le pays, un dispositif fiable et pérenne de traitement des plaintes liées au travail ? Ce dispositif fonctionne-t-il correctement ? À savoir, les plaintes reçues au cours des 12 derniers mois ont-elles été traitées ?	• Base de données par pays de l'OIT-IPEC • Observatoire sur le travail forcé de l'OIT • Rapports d'avancement sur les pays pionniers de l'Alliance 8.7 sur le travail forcé et le travail des enfants • Rapports du ministère américain du Travail sur le travail des enfants et le travail forcé avec des informations sur les dispositifs d'application de la loi et les mécanismes interinstitutionnels. • Statistiques par pays de l'UNICEF • Plateforme des entreprises dans le domaine des droits de l'enfant • Textes de loi nationaux, plans d'action nationaux sur les entreprises et les droits de l'homme, plans d'action nationaux sur le travail des enfants, bases de données du gouvernement • Centre de ressources de la fondation International Cocoa Initiative • Entretiens avec des organisations de la société civile et des autorités publiques locales
Indicateurs de risques spécifiques au travail des enfants	Des données sur la prévalence du travail des enfants est le meilleur indicateur de la probabilité de de travail des enfants. En cas d'absence de données sur le travail des enfants ou de données pour certaines régions, groupes d'agriculteurs ou communautés, des facteurs corrélés à une forte prévalence du travail des enfants peuvent contribuer à identifier les domaines où les risques sont accrus. **Au niveau des communautés :** • Accès limité à une éducation de qualité (y compris faibles niveaux d'instruction, ratios élèves / enseignants élevés,	• Quelle est la prévalence du travail des enfants ? • Dispose-t-on de données précises sur les foyers agricoles ? • Est-il possible d'accéder à un enseignement / une scolarisation formelle ? • Quel est le niveau d'autonomisation des femmes au sein de la communauté ? Les femmes participent-elles à la prise des décisions dans la communauté ? Les femmes vulnérables, notamment celles cheffes de	• Études sur la prévalence du travail des enfants (p. ex. rapport sur le cacao du NORC) • Données collectées dans le cadre des SSRTE • Registres des foyers agricoles tenus par les coopératives • Outils d'évaluation communautaires (p. ex. indice de protection communautaire de la fondation ICI ou outils de calcul des risques de travail des enfants)

Thèmes	Indicateurs	Exemples de questions	Sources d'information
	absentéisme des enseignants, violence envers les enseignants, absence de cantine et d'installations sanitaires dans les établissements scolaires) • Accès limité à l'eau potable, à des installations sanitaires, à l'électricité et aux soins de santé • Faibles degrés d'autonomisation des femmes • Absence d'organisations d'agriculteurs telles que des coopératives • Accès limité à une main-d'œuvre adulte • Accessibilité des zones de production cacaoyère **Au niveau des foyers :** • Âge et sexe des enfants du foyer • Taille des parcelles et volumes de production • Revenus des foyers • Fréquentation scolaire	famille, bénéficient-elles d'un soutien ? • Y a-t-il des coopératives agricoles qui peuvent travailler avec des agriculteurs de la communauté ? Mettent-elles en place des mesures efficaces de prévention et de lutte contre le travail des enfants ?	• Entretiens avec des coopératives locales, organisations de la société civile, pouvoirs publics, personnel d'établissements scolaires locaux, organisations religieuses et communautaires telles que des réseaux locaux de protection de l'enfance ou des comités d'autonomisation des femmes

Sources : ICI (2019[27]), Comprendre le risque de travail des enfants dans les zones productrices de cacao (infographie) : synthèse, https://www.cocoainitiative.org/fr/centre-de-ressources/resources/comprendre-le-risque-de-travail-des-enfants-dans-les-zones-0 ; ICI (s.d.[28]), Protective Community Index, https://www.cocoainitiative.org/knowledge-hub/resources/protective-community-index ; ICI (s.d.[29]), Community Child Labour Risk Assessment – Data Collections Tools, https://www.cocoainitiative.org/knowledge-hub/resources/community-child-labour-risk-assessment-data-collections-tools ; Sadhu (2020[9]), Évaluation des progrès accomplis dans la réduction du travail des enfants dans les régions productrices de cacao de Côte d'Ivoire et du Ghana, https://www.norc.org/PDFs/Cocoa%20Report/NORC%202020%20Cocoa%20Report_French.pdf.

L'identification et l'évaluation des cas de travail forcé peuvent être difficiles car les formes de coercition et d'exploitation dissimulées sont nombreuses. Dans le secteur du cacao, les victimes peuvent également se trouver dans des régions reculées où les outils de suivi des communautés sont inaccessibles. La fondation International Cocoa Initiative et Vérité ont réfléchi ensemble à la manière d'utiliser les indicateurs de travail forcé de l'OIT pour identifier les cas de travail forcé dans le secteur du cacao. Le Tableau 3 peut servir de guide pour aider les entreprises à évaluer le niveau de risque associé aux différents indicateurs. En règle générale, la présence d'un indicateur de type « pas offert de plein gré » ***et*** d'un indicateur de type « menace d'une peine quelconque » exige une intervention immédiate. Il est recommandé de prendre des mesures de prévention s'il existe au moins un indicateur de type « pas offert de plein gré » ***ou*** « menace d'une peine quelconque ». Le second tableau présente les indicateurs fréquents de type « pas offert de plein gré » et « menace d'une peine quelconque » dans le secteur du cacao.

Tableau 3. Indicateurs de travail forcé au niveau opérationnel

Indicateur « pas offert de plein gré »	Indicateur « menace d'une peine quelconque »	Travail forcé	Observation
Au moins un	**Au moins un**	Oui	**Alerte rouge** **Action requise**
Au moins un indicateur	Aucun	À risque	**Alerte orange** **Action préventive recommandée**
Aucun	**Au moins un indicateur**	À risque	**Alerte orange** **Action préventive recommandée**
Aucun	Aucun	**Non**	**Alerte verte** **Aucune action requise**

Source : adapté par Vérité et la fondation ICI des indicateurs de travail forcé de l'OIT.

Tableau 4. Indicateurs fréquemment utilisés dans le secteur du cacao

Indicateurs « pas offert de plein gré »	Indicateurs « menace d'une peine quelconque »
• Travail effectué sans le consentement libre et éclairé du travailleur • Circonstances pouvant mener à du travail « pas offert de plein gré » lorsqu'il est réalisé suite à des décisions prises dans un contexte de tromperie ou que le travailleur n'a pas été correctement informé • Recrutement non libre à la naissance ou par le biais d'une transaction comme l'esclavage ou la servitude pour dettes • Situations où le travailleur doit effectuer des tâches différentes de celles pour lesquelles il a été recruté, et ce sans son consentement • Menaces imposant des heures de travail excessives ou du travail sur demande sans accord préalable signé avec l'employeur • Travail dans des conditions dangereuses auxquelles le travailleur n'a pas consenti, avec ou sans indemnité ou équipement de protection • Travaux rémunérés à des salaires très bas ou non rémunérés • Conditions de vie dégradantes imposées par l'employeur, le recruteur ou d'autres personnes • Travail pour d'autres employeurs sans consentement • Travail pour des périodes plus longues que prévu • Travail sans liberté ou avec une liberté limitée de mettre un terme au contrat de travail • Dépendance multiple d'un employeur	• Des moyens de coercition sont utilisés pour imposer du travail à une personne contre son gré • Des travailleurs peuvent être soumis à une coercition ou subir des menaces verbales par des moyens de coercition, ou bien être témoins de coercition envers d'autres compagnons de travail dans le cadre d'un travail « pas offert de plein gré ». • Les types de coercition sont entre autres : o Menaces ou violences contre les travailleurs, leur famille et leurs proches, ou leurs proches associés o Restrictions des déplacements des travailleurs o Servitude pour dettes ou manipulation de dettes o Retenue sur salaires et autres rémunérations promises o Rétention de documents essentiels (papiers d'identité ou titres de séjour) o Mauvais traitements infligés en abusant de la vulnérabilité des travailleurs par le déni de leurs droits ou privilèges, par des menaces de licenciement ou d'expulsion

Encadré 5. Ce qu'il est possible de faire si vous êtes...

Un agriculteur, une coopérative, un négociant, un distributeur, un transporteur ou un transformateur (le cas échéant) :

Cartographier la chaîne d'approvisionnement, recenser et évaluer les risques et les impacts

- Aider les coopératives à générer et diffuser des informations crédibles, vérifiables, fiables et actuelles sur l'ampleur des risques et atteintes aux droits de l'homme, y compris dans le domaine du travail des enfants et du travail forcé. En l'absence de données, le personnel local pourra peut-être se charger d'en collecter ou, si nécessaire, former une équipe d'évaluation dédiée à cette tâche.
- Organiser des consultations efficaces et judicieuses avec les communautés et les agriculteurs locaux afin de recenser les risques car ces acteurs sont souvent une bonne source d'informations et de signalement.
- Utiliser les données existantes sur les chaînes d'approvisionnement (notamment l'âge et le niveau d'éducation des producteurs et de leurs enfants, la taille des exploitations, le nombre de travailleurs) pour établir un modèle de risques[1].
- Utiliser des méthodologies telles que les SSRTE pour identifier les enfants astreints au travail ou à risque de l'être. Des facteurs de vulnérabilité spécifiques liés au risque de travail forcé des enfants peuvent également être intégrés aux SSRTE.

- Communiquer les résultats des évaluations des risques de votre entreprise aux sociétés en aval, tout particulièrement lorsque ces évaluations ont permis d'identifier des risques ou des impacts de travail des enfants et de travail forcé.

Un fabricant, une marque, un détaillant et, dans certains cas, un transformateur :

Cartographier la chaîne d'approvisionnement

- Travailler avec vos fournisseurs primaires afin d'améliorer la visibilité des sources d'approvisionnement en cacao, notamment en identifiant les points de contrôle. Mettre en place des systèmes de contrôle plus en amont de la filière.
- Exiger régulièrement des informations sur l'origine de votre cacao et insister sur l'importance de connaître cette origine ; améliorer la visibilité des relations commerciales tissées.
- Aider les entreprises et les organisations en amont à cartographier leur chaîne d'approvisionnement en investissant dans le renforcement des capacités et des ressources.

Identifier les risques et évaluer les impacts

- Examiner les mesures de diligence raisonnable que vos fournisseurs ont mises en place ou passer directement en revue leurs activités, par exemple, en se rendant directement dans les exploitations agricoles et dans leurs communautés.
- Rechercher des informations sur les systèmes des fournisseurs et les volumes de produits qu'ils pourvoient.
- Envisager une participation aux programmes sectoriels et aux initiatives multipartites afin d'accéder à des informations pertinentes et de faciliter vos propres évaluations.
- Demander aux entreprises en amont de fournir des documents prouvant entre autres qu'elles ont procédé à une cartographie de leur chaîne d'approvisionnement et à un recensement des exploitations agricoles de cette même chaîne, qu'elles ont évalué les risques et qu'elles effectuent un suivi sur le terrain, et leur demander également des rapports de collaboration avec des parties prenantes au niveau des communautés et des exploitations agricoles.

Une PME, en amont et en aval :

Cartographier la chaîne d'approvisionnement

- Collaborer avec d'autres entreprises, par exemple par le biais de plateformes nationales du cacao ou d'initiatives sectorielles ou multipartites, afin d'accroître son influence et d'exiger la mise en place de systèmes de contrôle (y compris une chaîne de responsabilité et/ou de traçabilité), ainsi que la transparence des chaînes d'approvisionnement.
- Participer à des programmes de certification crédibles respectant les recommandations de l'OCDE sur le devoir de diligence afin d'améliorer la transparence de votre chaîne d'approvisionnement.

Identifier les risques et évaluer les impacts

- Afin de contribuer à l'évaluation des risques menée par votre entreprise, utiliser le large éventail de ressources disponibles provenant d'initiatives sectorielles et multipartites et d'agences gouvernementales susceptibles de fournir des informations à jour. Il existe des ressources pouvant aider les PME à analyser les risques dans les pays producteurs de cacao avec lesquels elles coopèrent[2].

- Certains petits producteurs chocolatiers achètent le cacao directement auprès des agriculteurs et connaissent très bien leur chaîne d'approvisionnement. Il est également possible de simplifier le processus de recensement et d'évaluation des risques en achetant le cacao directement auprès des producteurs puisque les agriculteurs connaissent bien les conditions dans lesquelles le cacao est cultivé et récolté.

Notes :

1. Pour en savoir plus sur les modèles de risques, rendez-vous sur le site Web de la fondation ICI (ICI, 2021[30]).
2. Pour accéder à d'autres ressources, rendez-vous sur la page Web de l'initiative allemande sur le cacao durable (SÜDWIND e.V., 2021[31]).

Étape 3 : Faire cesser, prévenir et atténuer les impacts du travail des enfants et du travail forcé

La troisième étape consiste à prendre des mesures d'atténuation et de gestion des risques et à mettre en place une stratégie afin de répondre aux risques et impacts. Ce chapitre explique comment les entreprises peuvent concevoir une stratégie adaptée de prévention et de lutte contre les risques et les impacts du travail des enfants et du travail forcé dans la chaîne d'approvisionnement du cacao.

Questions stratégiques que les entreprises doivent se poser

- Est-ce qu'un interlocuteur de haut niveau est chargé de traiter les impacts négatifs et les risques en matière de travail des enfants et de travail forcé ?
- Disposez-vous d'un processus d'atténuation des risques et des impacts dans le segment en amont de la chaîne d'approvisionnement, y compris avec des fournisseurs avec lesquels votre entreprise n'entretient pas de lien contractuel ?
- Votre plan de gestion des risques contient-il des indicateurs de performance clés (IPC) et des échéanciers permettant d'évaluer la réussite des mesures de lutte contre le travail des enfants, le travail forcé et les autres risques et impacts négatifs sur les droits de l'homme ayant été recensés et évalués ?
- Comment votre entreprise collabore-t-elle avec d'autres acteurs dans la lutte contre les impacts négatifs identifiés et leur atténuation, notamment si elle n'est pas physiquement présente dans le pays d'approvisionnement ?
- Votre entreprise a-t-elle alloué des ressources internes suffisantes pour lutter efficacement contre les risques et impacts sur les droits de l'homme ?

Faire cesser, prévenir et atténuer les impacts négatifs

Concevoir et mettre en œuvre une stratégie de réponse aux risques et impacts négatifs

La troisième étape d'une diligence raisonnable appelle à l'action afin de faire face (faire cesser, prévenir et atténuer) aux impacts négatifs identifiés, avérés et potentiels, sur les droits de l'homme. Pour savoir quelles mesures de lutte contre ces risques et impacts elle doit prendre, une entreprise devra examiner si elle « cause » les impacts négatifs, si elle y « contribue » ou si elle y est « directement liée » (pour de plus amples informations sur ce lien, voir le Tableau 1). Toutes les entreprises, quel que soit leur lien avec les impacts du travail des enfants et du travail forcé, sont encouragées à collaborer entre autres avec les pouvoirs publics, les ONG, les organisations internationales et les initiatives multipartites pour traiter les facteurs systémiques du travail des enfants et du travail forcé au sein des chaînes d'approvisionnement.

Principes généraux que les entreprises doivent prendre en compte pour lutter contre le travail des enfants et le travail forcé dans le cadre de leurs activités ou au sein de leurs chaînes d'approvisionnement

- **Toujours agir dans le meilleur intérêt de l'enfant**. Les mesures que peuvent prendre les entreprises pour lutter efficacement contre le travail des enfants et le travail forcé chercheront à améliorer le bien-être de l'enfant et à prévenir toute situation dans laquelle il serait encore plus pénalisé. Une fois qu'un enfant a été identifié comme étant astreint au travail ou à risque de l'être, il s'agira de gérer sa situation et de discuter des solutions possibles avec lui et sa famille, en partenariat avec la communauté concernée, la chaîne d'approvisionnement et les structures nationales.
- **Élaborer des mesures de protection**. Des mesures de protection consistent par exemple à ce que l'entreprise s'engage à assurer la sécurité de l'enfant. Les mesures de protection impliquent au minimum de prévenir les abus et les mauvais traitements physiques, sexuels et émotionnels par des employés et d'autres personnes qui sont au service de l'entreprise.
- **Rompre toute relation de manière responsable.** En cas d'échec de plusieurs tentatives d'exercer une influence et d'exiger d'une entité qu'elle mette un terme à ses actions causant le travail des enfants et le travail forcé ou y contribuant, une entreprise se devra de rompre toute

relation d'affaires avec cette entité. Cette rupture devra s'effectuer dans un délai raisonnable et l'entreprise devra s'assurer, en tout premier lieu, que les enfants et leurs familles bénéficient d'une prise en charge.

Quelles mesures doivent prendre les entreprises qui recourent au travail des enfants et au travail forcé ou y contribuent ?

Dans ces cas, la première chose est de cesser les activités qui sont à l'origine du travail des enfants ou du travail forcé ou qui y contribuent, avant d'agir afin de prévenir et d'atténuer les impacts négatifs à venir. Par exemple, si une entreprise contribue au travail des enfants ou au travail forcé du fait de ses pratiques d'achat, mettre fin à ces activités peut impliquer de collaborer avec les équipes commerciales pour conclure des contrats d'achat à plus long terme qui garantissent une certaine prévisibilité aux coopératives et familles d'agriculteurs. En règle générale, œuvrer à la prévention et à l'atténuation des impacts à venir en lien avec le travail des enfants ou le travail forcé peut notamment nécessiter de consolider les politiques déjà établies, de renforcer les capacités des systèmes de diligence raisonnable des fournisseurs et partenaires commerciaux, d'établir ou de renforcer les mesures de prévention et d'atténuation telles que les SSRTE, d'organiser des formations régulières du personnel (y compris le personnel sur le terrain, les acheteurs et agents vulgarisateurs qui promeuvent la production agricole, ainsi que les personnes chargées du suivi de la main-d'œuvre) et de vérifier les systèmes de diligence raisonnable des fournisseurs.

La liste ci-dessous donne des exemples de mesures à prendre face à des cas de travail des enfants et de travail forcé. Des exemples concrets de mesures de prévention et d'atténuation des impacts négatifs sont également présentés dans la section intitulée « Adopter des mesures de prévention et d'atténuation des risques ».

Travail des enfants :

- Lorsqu'il s'avère qu'une entreprise cause des cas avérés ou potentiels de travail des enfants, ou y contribue, un soutien adapté doit être apporté. Ce soutien peut impliquer de rediriger l'enfant vers un organisme local de protection de l'enfance compétent ou vers une organisation communautaire. Pour déterminer les enfants à aider en priorité, les entreprises peuvent utiliser la méthode de l'arbre de décision, assorti d'actions spécifiques limitées dans le temps, pour orienter leur choix, à l'instar de l'arbre de décision élaboré par la fondation ICI (voir le Graphique 8).
- Les entreprises doivent discuter des solutions possibles avec l'enfant et sa famille, en concertation avec les structures communautaires, les autorités et les services d'application des lois concernés (si nécessaire). Les entreprises dépourvues d'un tel système sont incitées à en créer un en nouant des partenariats avec la société civile, des travailleurs sociaux ou des structures communautaires de protection de l'enfance. Les systèmes de protection de l'enfance doivent s'appuyer sur les procédures opérationnelles publiques standard. Par exemple, au Ghana, il existe des procédures opérationnelles standard intersectorielles pour la protection de l'enfance et le bien-être des familles[1].
- Concernant les enfants ayant atteint l'âge minimum légal pour travailler selon la législation nationale et ayant terminé leur scolarité obligatoire, les entreprises peuvent envisager de les recruter pour travailler dans un environnement sûr. Il pourra entre autres s'agir de postes de travail non dangereux adaptés à des jeunes travailleurs, en s'assurant que les postes dangereux leur demeurent interdits ou soient aménagés pour ne plus l'être. Cette démarche d'ordre pratique peut être adoptée pour les enfants de moins de 18 ans en âge de travailler.

Travail forcé :

Toute entreprise confrontée à un cas de travail forcé doit réagir immédiatement. Compte tenu de leur gravité, les cas de travail forcé doivent être signalés aux autorités.

- Les organismes d'application des lois, les autorités locales et les agences de protection peuvent être en mesure d'identifier les besoins de chaque victime et les services à leur fournir en conséquence. Tout renvoi doit se faire sur la base d'une solide compréhension des dispositifs nationaux et des moyens de réparation disponibles dans le pays. Si l'État ne propose pas de services publics d'aide aux victimes, les entreprises devront recourir aux services d'un prestataire qualifié qui s'emploiera à remédier aux situations de travail forcé.
- Face à une situation de travail forcé, il faut avant tout assurer la sécurité immédiate de l'enfant / la victime. Il peut s'agir de prendre des mesures de protection de l'enfant / de la victime. Les mesures de protection impliquent au minimum de prévenir les abus et les mauvais traitements physiques, sexuels et émotionnels par des employés et d'autres personnes qui sont au service de l'entreprise.
- Les entreprises peuvent discuter des éventuelles solutions avec la victime (p. ex. verser les salaires dus, proposer une aide à la recherche d'un autre emploi) en association avec les structures communautaires concernées, les autorités et les services d'application des lois, lorsque cela est nécessaire.

Quelles mesures les entreprises directement liées au travail des enfants et au travail forcé par l'intermédiaire d'une relation d'affaires doivent-elles prendre ?

Concernant les entreprises directement liées à des cas de travail des enfants ou de travail forcé par l'intermédiaire de relations d'affaires, il est important qu'elles fassent pression sur le partenaire commercial à l'origine du problème afin qu'il prenne des mesures visant à mettre fin aux impacts négatifs. Par exemple, elles peuvent collaborer avec leurs partenaires commerciaux pour soustraire l'enfant à la situation de travail forcé et mettre en place un plan limité dans le temps pour faciliter son accès à l'éducation, un programme de réinsertion ou de intégration sociale, et/ou collaborer à des actions de prise en charge des besoins de sa famille.

- Elles peuvent également user de leur influence par le biais d'une consultation avec la victime, la communauté concernée, les acteurs de la chaîne d'approvisionnement et les structures nationales.
- Participer aux initiatives sectorielles et multipartites afin d'accroître la pression sur les entités qui rechignent à agir.
- Travailler avec le partenaire commercial à l'origine du travail des enfants et du travail forcé pour prendre des mesures correctives en faveur des victimes (voir à ce propos les sections Réparer : réparer par les seuls moyens de l'entreprise ou en coopération avec d'autres acteurs si nécessaire et Accroître l'ampleur et les retombées de la lutte contre le travail des enfants et le travail forcé par la collaboration).
- Envisager de mettre fin à toute activité avec les partenaires commerciaux si rien n'est fait (sur une période de temps donnée) pour remédier à ces impacts et éviter qu'ils se reproduisent. Si un dialogue n'aboutit pas aux changements escomptés dans les délais impartis, les entreprises se devront, de façon responsable, de cesser toute activité avec les partenaires commerciaux concernés.

Comment les entreprises peuvent-elles exercer une influence sur le comportement des entreprises qui sont à l'origine du travail des enfants ou du travail forcé ou qui y contribuent ?

On considère qu'il y a influence « lorsqu'une entreprise a la capacité de faire modifier les pratiques néfastes de l'entité responsable du dommage » (OCDE, 2011[32]). Souvent, les entreprises ont plus d'influence qu'elles ne le pensent.

Elles exercent leur influence par différents biais (BIT/IOE, 2015[5]) :

- Influence commerciale traditionnelle : définir des attentes en matière de prévention et de lutte contre le travail des enfants, le travail forcé et en faveur du respect des droits de l'homme dans les contrats d'affaires.
- Influence commerciale plus globale : soutenir les fournisseurs partenaires en amont par un renforcement de capacités, une sensibilisation accrue et un partage des outils et des ressources tels que le présent Manuel.
- Influence auprès des autres professionnels du secteur : agir collectivement avec d'autres entreprises qui s'approvisionnent dans une même zone géographique où des risques de travail des enfants et de travail forcé existent. Les entreprises qui exercent leurs activités dans d'autres secteurs que ceux du cacao et de l'agriculture peuvent aussi être concernées.
- Influence par des engagements bilatéraux : nouer un engagement bilatéral avec un ou plusieurs acteurs tels que des représentants des pouvoirs publics, des professionnels du secteur, des syndicats et des organisations internationales ou de la société civile.
- Influence par la collaboration sectorielle et multipartite : collaborer avec les pouvoirs publics, d'autres professionnels du secteur, les syndicats, les organisations internationales et la société civile, et participer à des initiatives multipartites.

Si l'exercice d'une influence ne permet pas d'obtenir des améliorations en matière de travail des enfants et de travail forcé, il pourrait être judicieux de mettre fin à la relation d'affaires. Il faudra alors s'assurer que cette décision n'entraîne pas une aggravation de la situation des enfants, des agriculteurs et des travailleurs. Les entreprises doivent éviter de faire peser le fardeau de la conformité sur les entreprises de la chaîne d'approvisionnement les moins aptes à le supporter, mais doivent au contraire soutenir les investissements dans des systèmes et des mesures favorisant un changement de comportement des entreprises.

Graphique 8. Comment déterminer les enfants d'une communauté cacaoyère qui ont le plus besoin d'aide ?

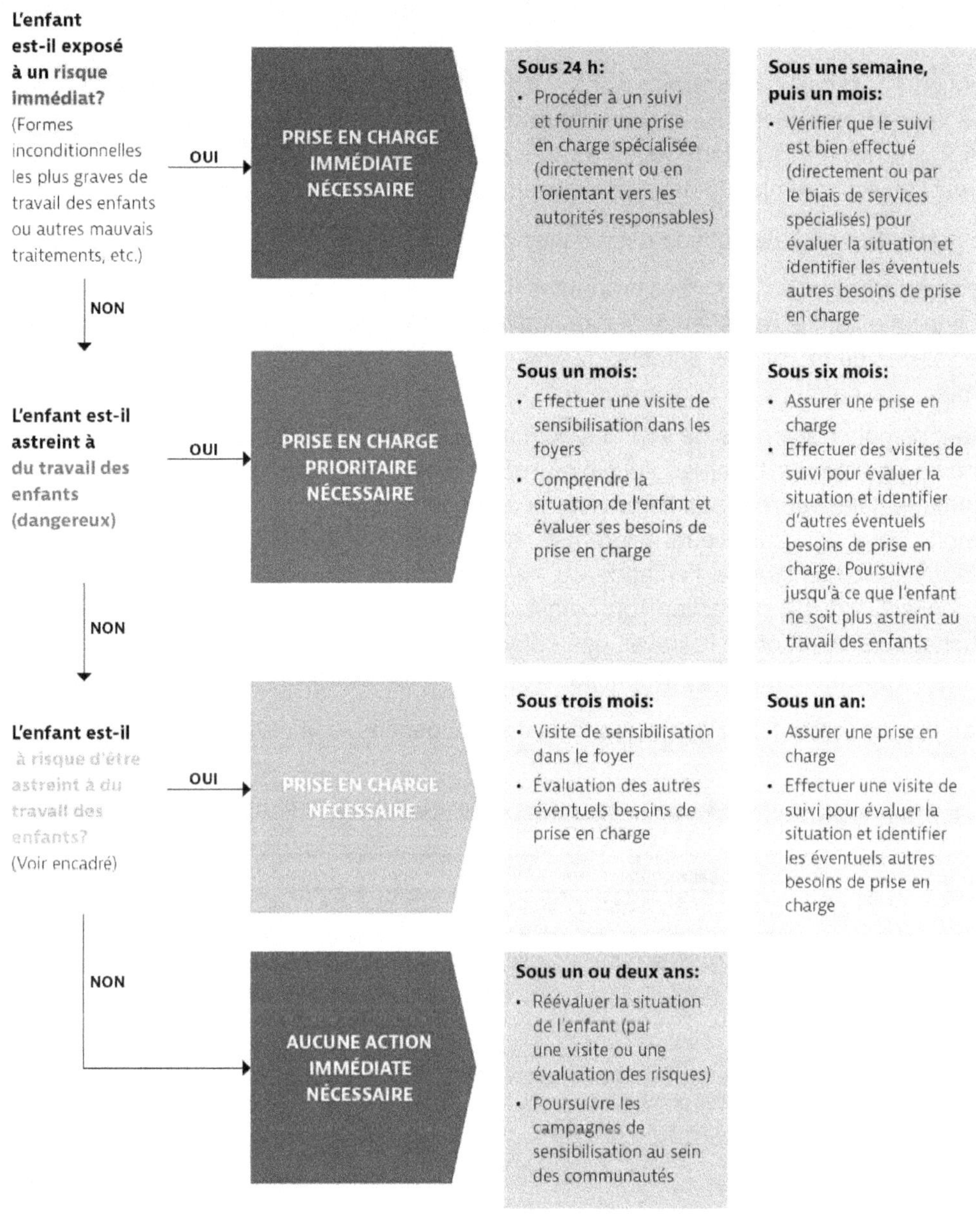

Quels sont les enfants susceptibles d'être à risque de travail des enfants?

Les enfants qui ne travaillent pas mais qui appartiennent à l'un des groupes suivants doivent être considérés comme à risque de travail des enfants et bénéficier en priorité d'un soutien préventif:[1]

[1] L'accès à l'éducation est un droit fondamental de l'enfant. Il a été démontré que tous les autres facteurs sont corrélés à une plus grande probabilité que les enfants soient astreints à un travail dangereux dans le secteur du cacao.

- Ne va pas à l'école/est souvent absent
- Vit loin de ses parents biologiques
- Vit dans un foyer monoparental
- Vit dans un ménage dirigé par un enfant
- Vit dans un ménage avec à sa tête une personne analphabète
- Vit dans une communauté où il n'y a pas d'école primaire
- A un frère ou une sœur qui travaille
- Est lui-même parent

Source : fondation ICI (2022[33]), *Decision tree: Selecting support to prevent and remediate child labour through a CLMRS*, https://www.cocoainitiative.org/knowledge-hub/resources/selecting-support-prevent-and-remediate-child-labour-through-clmrs.

Adopter des mesures de prévention et d'atténuation des risques

Outre qu'elles doivent mettre fin aux activités avec une entreprise qui a recours ou contribue au travail des enfants ou au travail forcé, ou user de leur influence sur des partenaires commerciaux qui font de même, les entreprises doivent adopter un plan adapté de prévention et d'atténuation des répercussions négatives à venir éventuelles du travail des enfants et du travail forcé.

La « prévention » renvoie aux actions visant à empêcher un impact négatif avant qu'il ne se produise (c'est-à-dire aux actions visant à réduire le risque qu'un impact négatif ne survienne), tandis que l'« atténuation » renvoie aux actions visant à réduire l'ampleur d'un impact négatif lorsqu'il se produit. La prévention est l'objectif premier du devoir de diligence (OCDE, 2018[3]).

Un plan de prévention et d'atténuation des risques doit être établi en :

- associant les principales parties prenantes (notamment les enfants et leur famille, les fournisseurs, les agriculteurs, les représentants des pouvoirs publics, les organisations de la société civile, les spécialistes du travail des enfants, des migrations et de la traite d'êtres humains) à l'élaboration du plan, afin de réunir un consensus autour des actions à entreprendre.
- tenant compte des points de vue des communautés qui cultivent le cacao, en s'assurant que les femmes comme les hommes sont bien représentés, notamment les parents, les responsables communautaires et religieux, le personnel des coopératives, les représentants des travailleurs (y compris ceux des travailleurs migrants), les enseignants, les organisations locales comme les réseaux de protection de l'enfance ou les comités de femmes, ainsi que les autorités locales responsables de la protection, du bien-être et de l'éducation des enfants. Les Plans d'action nationaux de lutte contre le travail des enfants et le travail forcé établis par les pays producteurs peuvent également être de précieuses sources d'informations.

Chaque plan doit également fixer des objectifs et des échéances, comme indiqué dans le Tableau 5.

Tableau 5. Éléments à intégrer dans un plan de prévention et d'atténuation des risques

Point	Description	Exemples
Objectifs et calendriers	Définir des objectifs et fixer des indicateurs de réduction des risques de travail des enfants et de travail forcé et autres risques et conséquences pour les droits de l'homme à l'intérieur de la chaîne d'approvisionnement en cacao.	Indicateurs par [an] : • Nombre de foyers dans les communautés productrices de cacao couverts par un SSRTE • Nombre de fournisseurs formés à la prévention du travail forcé
Actions	Concevoir des mesures assorties d'échéances pour faire face aux risques essentiels pour les droits de l'homme, comme le travail des enfants et le travail forcé.	Pour faire face aux problèmes de pauvreté : • Veiller à ce que les coopératives disposent d'une bonne trésorerie en mettant en place un système de paiements plus réguliers, en instaurant de meilleures conditions de paiement, en adoptant un salaire minimum et en réfléchissant à la manière de favoriser le versement de salaires décents. • Soutenir l'accès aux services essentiels, y compris à une éducation et des soins de qualité, etc.
Ressources	Recenser les ressources nécessaires (financières et humaines) pour élaborer et mettre en œuvre ces actions.	• Chiffrer le budget requis pour financer les actions définies. • Dresser une liste des fournisseurs tiers agissant au sein des communautés cacaoyères pouvant contribuer à la concrétisation de ces actions.
Rôles et responsabilités	Déterminer l'identité des personnes responsables de la mise en place des mesures de gestion et d'atténuation des risques : • Au sein de l'entreprise • Parmi les fournisseurs de cacao • Avec les partenaires commerciaux, tant en amont	• Au niveau de l'entreprise : L'équipe responsable des approvisionnements est chargée d'organiser la formation, en association avec l'équipe responsable des achats. • Au niveau des fournisseurs de cacao : Désigner un représentant qui participera à la formation et intégrera les connaissances acquises aux pratiques de l'entreprise.

Point	Description	Exemples
	qu'en aval Le personnel concerné doit comprendre les indicateurs, les objectifs et les échéanciers, ainsi que leur rôle dans le cadre de la mise en œuvre.	
Suivi et établissement de rapports	Mettre en place des systèmes de suivi de la mise en œuvre du plan et des mesures qu'il prévoit, ainsi que des processus d'établissement de rapports destinés aux organes de direction.	Les progrès accomplis au regard des objectifs fixés sont examinés lors de réunions consacrées à la gestion des risques, et font l'objet de rapports sur les IPC destinés aux principaux dirigeants (directeur responsable de l'approvisionnement, service juridique ou directeur général, notamment.).

Exemples de mesures de prévention et/ou d'atténuation des risques et des effets imputables au travail des enfants et au travail forcé

- **Améliorer l'accès à une éducation de qualité** en :
  - apportant un soutien aux communautés pour créer un environnement scolaire de qualité pour les enfants, en construisant ou en rénovant des installations scolaires, en encourageant l'inscription et l'assiduité des enfants à l'école.
  - organisant des cours de rattrapage pour les enfants déscolarisés.
  - facilitant l'accès aux actes de naissance exigés au moment de l'inscription des enfants à l'école dans certains pays.
- **Apporter un soutien aux moyens de subsistance des agriculteurs** : La pauvreté et la dépendance à la monoculture du cacao sont deux facteurs qui peuvent accroître le risque de travail des enfants. Les entreprises peuvent aider les agriculteurs à diversifier leurs revenus pour que les familles soient moins vulnérables aux chocs de revenus qui peuvent parfois accroître le risque de travail des enfants ou donner lieu à des situations de travail forcé.
- **Promouvoir l'autonomisation des femmes** : L'ouverture de cours d'alphabétisation pour adultes, la création de petites entreprises ou d'activités génératrices de revenus et les associations villageoises d'épargne et de crédit peuvent participer de la lutte contre les déséquilibres dans les rapports de force entre hommes et femmes, et à encourager une autonomisation des femmes susceptible d'améliorer la protection de l'enfance.
- **Mettre en place un système efficace de suivi et de remédiation :** un Système de suivi et de remédiation du travail des enfants (SSRTE) peut guider les entreprises dans leurs actions de soutien aux enfants astreints au travail et à d'autres enfants exposés à des risques, et peut également renforcer les mesures de prévention et de remédiation qu'elles mettent en œuvre (voir l'Encadré 4 pour en savoir plus sur les SSRTE).
- **Assurer la formation du personnel** : organiser des actions de formation continue et de perfectionnement à l'intention de tout le personnel afin de prévenir d'éventuelles violations des règles applicables au travail des enfants et au travail forcé. Les sessions de formation doivent s'adresser au personnel sur le terrain, aux acheteurs et aux agents de vulgarisation qui promeuvent la production agricole, ainsi qu'aux personnes chargées du suivi du travail.
- **Envisager des approches territoriales** : les approches territoriales, qui mobilisent toutes les parties prenantes concernées d'une zone géographique, peuvent être utiles car elles permettent de fédérer les efforts de lutte contre le travail des enfants et le travail forcé engagés par tous les groupes de parties prenantes. Voici des exemples concrets de résultats obtenus grâce à des approches territoriales : accès aux registres des naissances, amélioration des conditions de vie des communautés productrices de cacao en facilitant l'accès à l'éducation et à des services de santé, construction de routes / d'infrastructures et création de comités locaux de protection de l'enfance.

Encadré 6. Ce que les PME peuvent envisager de faire

- Désigner, au sein de l'entreprise, une personne chargée de piloter la stratégie en matière des droits de l'homme et s'assurer qu'elle a reçu la formation requise pour pouvoir appréhender les problématiques, et qu'elle dispose des ressources, des connaissances et du soutien nécessaires pour mettre en place cette stratégie, en particulier en ce qui concerne le travail des enfants et le travail forcé.
- Recueillir, auprès des associations locales d'employeurs, des réseaux sectoriels, des organisations internationales et des initiatives multipartites, des informations permettant de comprendre comment les autres professionnels et PME de la filière du cacao luttent contre les risques et les effets du travail des enfants et du travail forcé.
- Prendre en compte les mesures de lutte contre le travail des enfants et le travail forcé dans les évaluations des performances du personnel et les dispositifs d'incitation.
- S'assurer que les attentes de l'entreprise en matière de lutte contre les effets négatifs avérés et potentiels du travail des enfants et du travail forcé qui ont été recensées apparaissent et sont prises en compte dans les conditions de vente et dans les contrats et pratiques en matière d'approvisionnement et de sous-traitance.
- Communiquer les plans d'action à tous les fournisseurs de l'entreprise et leur demander de les communiquer aux fournisseurs indirects. Renforcer la coopération avec les fournisseurs dont l'entreprise estime qu'ils présentent un risque plus élevé de recours au travail des enfants et au travail forcé.

Par ailleurs, les PME en amont peuvent également :

- Concevoir une stratégie s'articulant autour des questions posées par les acheteurs et les principales parties prenantes concernées.
- Travailler avec les producteurs, les petits exploitants et d'autres acteurs de la chaîne d'approvisionnement, et communiquer sur cette stratégie en aval.

Source : adapté de Shift, IEO (2019[34]), SMEs and the Responsibility to Respect Human Rights, https://shiftproject.org/resource/smes-and-the-responsibility-to-respect-human-rights/.

Étape 4 : Suivi de la mise en œuvre et des résultats

L'Étape 4 du cadre de l'OCDE sur le devoir de diligence a pour finalité de s'assurer de l'efficacité des activités de diligence raisonnable. Le présent chapitre expose la manière dont les entreprises du secteur du cacao peuvent assurer le suivi de l'efficacité des mesures de prévention et d'atténuation des risques et des effets sur les droits de l'homme de pratiques telles que le travail des enfants et le travail forcé qui sont mises en œuvre au sein de leurs chaînes d'approvisionnement.

Questions stratégiques que les entreprises doivent se poser

- Utilisez-vous des données sur les évaluations et les réclamations pour suivre les progrès réalisés par chaque fournisseur au regard des mesures et des plans de gestion des risques visant à lutter contre le travail des enfants et le travail forcé ?
- Si vous êtes un producteur, une marque, un détaillant, voire un transformateur, vérifiez-vous que les points de contrôle identifiés le long de la chaîne d'approvisionnement exercent une diligence raisonnable sur le segment en amont de la chaîne d'approvisionnement, conformément aux recommandations de l'OCDE ?
- Si vous êtes un agriculteur, une coopérative, un négociant, un distributeur, un transporteur ou un transformateur (le cas échéant), recueillez-vous des informations sur l'efficacité des mesures prises pour lutter contre les risques et atténuer les effets sur les droits de l'homme de pratiques telles que le travail des enfants et le travail forcé ?
- Assurez-vous un suivi des cas de travail des enfants et de travail forcé recensés et de la manière dont ils sont gérés (mesures de prévention, d'atténuation et de remédiation) ?
- Assurez-vous un suivi des avancées et des effets à l'aide d'indicateurs quantitatifs et qualitatifs adaptés ? Il est possible d'adapter ces indicateurs aux cadres de suivi sectoriels et aux initiatives gouvernementales (comme les Plans d'action nationaux), ou de les élaborer en concertation avec des spécialistes du travail des enfants et du travail forcé, des syndicats, des associations professionnelles ou des initiatives multipartites.

Suivi de la mise en œuvre et des résultats

Il est essentiel de suivre et de vérifier comment le devoir de diligence est exercé afin de faire reculer le travail des enfants et le travail forcé au sein de votre chaîne d'approvisionnement.

Suivre et observer la mise en œuvre et l'efficacité des engagements, des objectifs et des activités de l'entreprise relatifs à l'exercice de son devoir de diligence

- Confier aux dirigeants une mission de surveillance pour que s'assurer que la responsabilité du suivi et du contrôle des efforts de diligence de l'entreprise est assumée.
  - C'est au service des approvisionnements d'une entreprise qu'incombe au premier chef la responsabilité du suivi de la mise en œuvre des évaluations des fournisseurs et des plans d'action correctifs visant à lutter contre le travail des enfants et le travail forcé, qui doivent être assortis d'échéances et axés sur les résultats.
  - Le service des achats d'une entreprise peut se voir confier la responsabilité principale du suivi des taux de commandes passées tardivement, modifiées ou annulées, autant de pratiques qui favorisent les effets négatifs réels et potentiels du travail des enfants et du travail forcé chez les fournisseurs.
  - Le personnel au niveau opérationnel peut chercher à recueillir les avis des parties prenantes et des détenteurs de droits concernés sur la question de savoir si des réponses aux effets négatifs ont été trouvées en consultant par exemple les communautés et les autorités locales, des organisations communautaires spécialisées dans la protection de l'enfance et l'autonomisation des femmes, des coopératives et des représentants de travailleurs, mais aussi en recueillant les réactions de personnes participant à des réunions et des forums, ou encore en prenant note des questions soulevées dans le cadre de procédures de réparation

concernant par exemple le travail des enfants et les conditions de travail dans les exploitations agricoles cacaoyères.

- Les entreprises en aval doivent dialoguer avec les entreprises et les fournisseurs situés aux points de contrôle (p. ex. négociants, broyeurs, importateurs et exportateurs de cacao) de la chaîne d'approvisionnement en cacao et évaluer leurs procédures et leurs pratiques en matière de diligence raisonnable.
- Enregistrer le nom de tout enfant redirigé vers des services locaux par le système de suivi, en précisant la date à laquelle il a été redirigé et celle à laquelle il a reçu une assistance. Assurer un suivi de tous les cas redirigés vers des services locaux afin de vérifier qu'ils bénéficient d'un soutien, de comprendre comment leur situation évolue et d'identifier tout autre besoin de prise en charge.
- Il pourra être exigé des entreprises qu'elles rendent publiques les cas de travail forcé conformément à la législation imposant une publicité obligatoire. Les victimes doivent faire l'objet d'un suivi et de contrôles pour s'assurer qu'elles reçoivent un soutien et pour identifier d'autres besoins éventuels.

Qu'est-ce qui doit faire l'objet d'un suivi et d'une vérification ?

Pour chercher ce qu'il faut suivre et vérifier, il est utile d'envisager une collecte de données normalisées et de réfléchir à la manière d'agréger les données dans un souci d'échelle et de convergence. L'une des manières de procéder consiste à identifier les indicateurs et points de données clés mis en place par les pouvoirs publics des pays producteurs et dans le cadre d'initiatives sectorielles ou multipartites et à s'aligner sur ces indicateurs et données ou à les utiliser directement. Les plans d'action nationaux et les rapports d'enquête sur le travail des enfants de portée nationale ainsi que les mesures de performances (indicateurs de résultats, données de référence, objectifs), peuvent être une source d'informations utile.

Tableau 6. Exemples d'indicateurs pouvant faire l'objet d'un suivi

Exemples d'indicateurs de travail des enfants	Exemples d'indicateurs de travail forcé
Nombre de foyers et nombre d'enfants couverts par un programme SSRTE ou un programme analogue	Nombre de foyers ayant été sensibilisés au travail forcé
Nombre de cas de travail des enfants recensés	Nombre de foyers couverts par une évaluation des risques de travail forcé
Nombre d'enfants astreints au travail recensés qui ont bénéficié d'une prise en charge	Nombre de foyers ayant accès à un dispositif de dépôt de réclamation pour lutter contre les risques de travail forcé et traiter les cas avérés de travail forcé
Nombre d'enfants astreints au travail recensés qui ont fait l'objet d'au moins deux visites de suivi	Nombre de réclamations déposées au cours des 12 derniers mois
Nombre d'enfants qui ne sont plus contraints de travailler	Nombre de coopératives ayant mis en place une politique de lutte contre le travail forcé
Nombre de foyers couverts par un autre type de système de lutte contre le travail des enfants et effet de ces systèmes	Nombre de personnes formées à la lutte contre le travail forcé

Note : exemples d'indicateurs de travail des enfants couramment utilisés par la fondation ICI et les plateformes européennes pour un cacao durable.

Procéder à des évaluations de la chaîne d'approvisionnement

- Les chaînes d'approvisionnement sont dynamiques et peuvent subir les effets de multiples paramètres tels que le changement climatique, des épidémies et d'autres facteurs de vulnérabilité. Les sources d'approvisionnement en fèves de cacao peuvent changer très soudainement, de même que les niveaux de risques associés. Les entreprises doivent se tenir au fait de ces changements et adapter en conséquence leurs stratégies en matière de diligence raisonnable. Certaines entreprises du secteur du cacao testent la cartographie par satellite et le système LiDAR pour obtenir des données en temps réel et disposer d'éléments de traçabilité plus précis, notamment sur des risques comme la déforestation. Ils en retirent des informations utiles sur la déforestation provoquée par la culture du cacao, sachant que cette déforestation peut également aller de pair avec un risque accru de travail forcé (Myers, 2019[35]).

- Les entreprises en aval doivent se rapprocher de leurs fournisseurs et de leurs partenaires commerciaux exerçant des activités aux points de contrôle de la chaîne d'approvisionnement pour vérifier que les mesures d'atténuation des risques associés au travail des enfants et au travail forcé sont actualisées et que les répercussions de ces pratiques ont suscité des réactions. Il est primordial de mettre en place un système de transfert régulier d'informations des entreprises en amont vers les entreprises en aval afin de promouvoir la transparence de la chaîne d'approvisionnement au fil du temps.

Consulter et associer les détenteurs de droits concernés ou susceptibles de l'être

La mobilisation des parties prenantes fait partie intégrante des procédures de diligence raisonnable préconisées par l'OCDE. Un système de suivi et de vérification est d'autant plus efficace que les parties prenantes, telles que le personnel interne, les représentants de coopératives et de groupements d'agriculteurs, les organisations de la société civile, les représentants des travailleurs, les responsables des communautés locales et les pouvoirs publics, y sont associées.

Dans un contexte où le travail des enfants et le travail forcé sont pratiqués, il est important de dialoguer avec les agriculteurs, les groupements d'agriculteurs les familles d'agriculteurs et les parents, et tout particulièrement avec les représentants des femmes, les organisations de la société civile qui travaillent sur les problématiques du travail des enfants et du travail forcé, les représentants des travailleurs, les syndicats et leurs dirigeants, les responsables des communautés locales, les établissements scolaires, les administrations et les organismes gouvernementaux, notamment ceux qui s'occupent de la protection de l'enfance et du droit du travail. Ces groupes doivent être régulièrement consultés et mobilisés pour assurer le suivi et l'actualisation des informations sur les problématiques du travail des enfants et du travail forcé.

Les entreprises en aval souhaitent parfois collaborer avec des ONG locales et internationales possédant une expérience des problématiques de l'enfance et du travail, ainsi qu'avec des associations et des responsables d'initiatives sectorielles œuvrant sur le terrain. Il est essentiel que les enfants astreints au travail soient consultés et entendus à l'occasion de visites dans leurs foyers qui permettent de comprendre leur situation et leur statut professionnel et de suivre les évolutions. C'est d'ailleurs un volet essentiel des systèmes de suivi tels que les SSRTE qui exigent des visites de suivi régulières jusqu'à ce que l'enfant soit considéré comme « libéré » du travail contraint selon les critères recensés précédemment.

Passer régulièrement en revue les initiatives sectorielles et multipartites auxquelles participe l'entreprise

Le secteur du cacao compte un nombre important d'initiatives multipartites et sectorielles pour un cacao durable qui peuvent servir à apporter un soutien aux entreprises, notamment celles qui sont séparées de la production du cacao par plusieurs maillons de la filière, pour l'exercice d'une diligence raisonnable face au travail des enfants et au travail forcé. Ces initiatives doivent être évaluées régulièrement par les entreprises participantes car la diligence raisonnable demeure de leur responsabilité. Les entreprises qui prennent part à ces initiatives ou y ont recours pour compléter leurs mesures de diligence raisonnable doivent vérifier qu'elles sont conformes aux recommandations de l'OCDE sur le devoir de diligence[9].

Prendre en compte les enseignements tirés de la mise en œuvre des procédures de diligence raisonnable par l'entreprise afin d'en améliorer en permanence le fonctionnement et les résultats

Les entreprises doivent régulièrement procéder à des évaluations plus globales de l'ensemble de leurs efforts de diligence, notamment au moyen d'audits externes réalisés par des intervenants indépendants compétents et agréés, possédant une expertise et une expérience des contrôles portant sur le travail des enfants et le travail forcé.

Les audits externes sont d'autant plus efficaces qu'ils sont conduits en toute indépendance, par des personnes compétentes et tenues responsables de leurs conclusions, conformément aux recommandations de l'OCDE. Ils doivent notamment porter sur les chaînes de responsabilité, et comporter en particulier une évaluation de la qualité des documents, des informations sur le travail des enfants et des conditions de travail dans les exploitations agricoles.

Encadré 7. Ce qu'il est possible de faire si vous êtes...

Un transformateur (le cas échéant), un négociant, un distributeur, un transporteur, une exploitation agricole ou une coopérative :

- S'assurer que les acheteurs en aval savent comment vous vérifiez et collectez les informations, notamment quel type de données que vous recueillez (voir Tableau 6), quelle est la fréquence à laquelle vous les recueillez et quelles sont les entités avec lesquelles vous travaillez pour obtenir ces données.
- Indiquer en toute honnêteté le type de données qui vous manquent et les raisons pour lesquelles vous ne les avez pas.
- Dialoguer avec les acheteurs en aval pour leur expliquer comment ils peuvent faciliter vos activités de collecte de données et leur indiquer les ressources dont vous avez besoin. S'ils ont plus d'influence que vous, solliciter -leur concours pour pouvoir bénéficier de ce pouvoir d'influence et de leurs capacités.
- Recenser et soutenir les SSRTE existants et les dispositifs de dépôt de réclamations relatives aux droits de l'homme, encourager leur développement et leur déploiement.

Un fabricant, une marque, un détaillant (et, dans certains cas, un transformateur) :

- Organiser des réunions régulières avec vos fournisseurs, notamment avec ceux présents au niveau des points de contrôle de la chaîne d'approvisionnement (négociants, broyeurs, importateurs et exportateurs de cacao, etc.) afin d'évaluer leurs efforts de diligence face aux risques de travail des enfants et de travail forcé et aux conséquences négatives de ces pratiques.
- Identifier les ONG locales et les organisations internationales possédant une expertise dans le domaine du travail des enfants et du travail forcé et connaissant bien les communautés et échanger régulièrement avec elles pour vérifier l'exactitude des informations que vous recevez des fournisseurs.
- Associer les ONG locales et les syndicats pour qu'ils adhèrent au recours permanent à des systèmes de suivi dans les exploitations agricoles.

Une PME :

- Les PME en amont doivent savoir de quel type de données vous avez besoin et à quelle fréquence celles-ci doivent être recueillies pour répondre aux exigences des acheteurs et aux exigences de conformité à la loi. Chercher comment regrouper les données concernant les clients ou réfléchir aux technologies susceptibles d'être utilisées pour être plus efficace et optimiser l'utilisation des ressources.
- Les PME en amont doivent intégrer le processus de suivi et de vérification des données sur l'efficacité aux systèmes existants au niveau des communautés ou des chaînes d'approvisionnement tels que les SSRTE. Les informations provenant de sources internes et externes pourront ainsi alimenter le suivi du processus et éclairer la formulation de réponses aux éventuelles préoccupations concernant les aspects financiers et /ou les capacités.
- Les PME, quelle que soit leur position au sein de la chaîne d'approvisionnement, doivent envisager l'utilisation des outils et indicateurs normalisés employés dans le cadre d'initiatives sectorielles et multipartites auxquelles elles participent, le cas échéant. Cela réduit les risques de double emploi et favorise l'exercice d'une influence démultipliée et la mise en commun de ressources.
- L'instauration de processus solides et pérennes au sein des entreprises est nécessaire au suivi et à la vérification de l'efficacité de l'exercice du devoir de diligence. Les PME en aval doivent s'attacher à tisser des relations d'affaires durables avec leurs fournisseurs car c'est le meilleur moyen de garantir une fluidité constante de la circulation des informations nécessaires au suivi et à la vérification.

Étape 5 : Communiquer et établir des rapports sur l'exercice du devoir de diligence

L'Étape 5 repose sur des recommandations concernant la manière de diffuser à l'extérieur des informations pertinentes sur les politiques, processus et activités relatifs à l'exercice du devoir de diligence, mis en œuvre pour identifier et traiter les conséquences réelles et potentielles de l'activité des entreprises, y compris les résultats de ces actions.

Questions stratégiques que les entreprises doivent se poser

- Dans quelle mesure établissez-vous des rapports sur les politiques relatives au travail des enfants et au travail forcé que vous appliquez dans le cadre de vos activités et dans vos chaînes d'approvisionnement ? Ces rapports sont-ils rendus publics ?
- Quels risques ou effets négatifs importants associés à vos activités ont été identifiés, classés par ordre de priorité et évalués, et quels sont les critères de classement utilisés ? Ces risques et effets ont-ils été rendus publics ?
- Que fait votre entreprise pour identifier, prévenir ou atténuer les risques et effets négatifs associés à vos activités, et a-t-elle défini des calendriers de mise en œuvre et des référentiels pour évaluer les améliorations et les résultats obtenus ? Concernant le travail des enfants et le travail forcé, un système efficace a-t-il été mis en place ? Des informations détaillées concernant ce système ont-elles été communiquées ?
- Comment votre entreprise procède-t-elle pour évaluer et suivre la mise en œuvre des activités permettant de mettre en évidence, de prévenir, de faire cesser ou de faire reculer le travail des enfants et le travail forcé ? Ces résultats ont-ils été rendus publics ?
- Lorsque des activités de votre entreprise ont eu des conséquences négatives, ou ont contribué à la survenue de conséquences négatives, dans quelle mesure avez-vous indiqué aux parties prenantes les actions de suivi que vous avez engagées et les résultats de ces actions ?
- Si votre entreprise a pris des mesures de réparation ou a participé à la mise en œuvre de mesures de ce type, quels en ont été les résultats ? Ces informations ont-elles été rendues publiques ?

Communiquer et établir des rapports sur l'exercice du devoir de diligence

Les entreprises doivent communiquer sur leurs activités de devoir de diligence et sur les risques identifiés, notamment ceux associés au travail des enfants et au travail forcé, ainsi que sur les mesures prises pour y remédier. La publication de ce type d'informations est de plus en plus souvent exigée au titre de la communication non financière et en application de la législation relative au devoir de diligence, ainsi qu'en référence aux cadres volontaires sur la publication d'information adoptés par les investisseurs. Certaines juridictions imposent des exigences spécifiques en matière d'information sur le devoir de diligence.

Rendre publiques des informations pertinentes sur les procédures de diligence raisonnable

Quelles sont les informations que vous publiez ?

Des informations claires et précises doivent être fournies en temps et en heure aux parties prenantes et partenaires commerciaux concernés sur les effets identifiés, avérés et potentiels, du travail des enfants et du travail forcé, et sur les mesures et dispositions prises pour les atténuer ou les prévenir. Bien entendu, les rapports publiés par les entreprises doivent l'être en tenant dûment compte des considérations relatives à la confidentialité commerciale comme d'autres considérations en lien avec la concurrence et la sécurité.

- **Procédures de diligence raisonnable et systèmes de gestion :** Informations pertinentes concernant notamment les structures de gestion, la formation du personnel et les procédures de diligence raisonnable en place, ainsi que le système de contrôle et de transparence que votre entreprise a instauré ou s'emploie à instaurer tout au long de la chaîne d'approvisionnement en cacao (à savoir, une chaîne de responsabilité ou un système de traçabilité soit qui lui est propre, soit dont elle dispose en association avec d'autres parties prenantes).

- **Procédure de diligence raisonnable et risques pesant sur la chaîne d'approvisionnement :** La publication d'informations doit porter sur le processus que votre entreprise utilise pour identifier, hiérarchiser et évaluer les risques tout au long de la chaîne d'approvisionnement en cacao, ainsi que sur les résultats de cette évaluation. En ce qui concerne le travail des enfants et le travail forcé, les mesures prises pour atténuer et prévenir ces pratiques tout au long de votre chaîne d'approvisionnement doivent être prises en compte. La communication d'informations de ce type peut porter sur les mesures qui seront prises si votre entreprise est informée de cas de travail d'enfants et de travail forcé au sein de votre chaîne d'approvisionnement, assorties d'échéances pour la mise en œuvre de mesures de réparation et s'accompagnant d'actions de mobilisation des parties prenantes concernées. La publication d'informations peut également inclure des évaluations par des tierces parties des efforts de diligence déployés par votre entreprise, des évaluations communicables émanant d'entreprises situées aux points de contrôle de votre chaîne d'approvisionnement, ainsi que d'autres évaluations portant sur des segments de votre chaîne d'approvisionnement considérés comme porteurs de risques de recours au travail des enfants et au travail forcé.
- **Avancées et résultats :** La publication d'informations pourrait concerner les retombées et les résultats des efforts de diligence qui ont été engagés, que ceux-ci aient été fructueux ou qu'ils appellent des améliorations.

Encadré 8. Exemples d'informations à publier pour communiquer sur les avancées et les résultats des efforts de diligence engagés

- Le **périmètre** des pratiques de diligence raisonnable d'une entreprise en matière de travail des enfants et de travail forcé, comparé à l'ensemble du processus d'approvisionnement. Par exemple : « nos efforts de diligence raisonnable en 2022 ont concerné 200 foyers qui représentent 80 % de la chaîne d'approvisionnement directe et environ 50 % de l'ensemble de notre chaîne d'approvisionnement en cacao (notamment notre chaîne d'approvisionnement indirecte) ».
- Le **nombre ou pourcentage** d'enfants identifiés comme des enfants contraints de travailler ou exposés au risque de travail forcé dans le cadre de l'exercice de son devoir de diligence par l'entreprise. Par exemple : « en 2022, environ 27 % des enfants interrogés dans le cadre de nos systèmes de diligence raisonnable étaient astreints au travail ».
- Les **types d'aides** apportées, y compris la diffusion d'informations sur le soutien à la prévention et à la réparation (activités de sensibilisation, soutien visant à améliorer l'accès à une éducation de qualité, activités génératrices de revenus, etc.). Par exemple : « dans le cadre des efforts de lutte contre le travail des enfants et le travail forcé le long de la chaîne d'approvisionnement en du cacao, 200 foyers ont participé à des activités de sensibilisation, 150 kits de fournitures scolaires ont été distribués et 100 foyers ont reçu une aide à l'exercice d'autres activités génératrices de revenus ».
- Les **résultats** de ces actions, par exemple le nombre d'enfants qui échappent désormais au travail et tous les autres changements enregistrés grâce au suivi des effets et des risques identifiés. Par exemple : « un tiers des enfants contraints de travailler échappent à cette astreinte après deux visites de suivi » ou bien « le travail des enfants a diminué de 30 % dans les communautés auprès desquelles nous nous approvisionnons ».

- L'**efficacité et l'efficience** des efforts de diligence, comme l'amélioration des taux d'identification des cas, la rapidité de la mise en place du soutien, les résultats (diminution du nombre d'enfants au travail par exemple).

Diffuser les informations susmentionnées dans un format accessible et adapté

Les rapports sur les efforts de diligence d'une entreprise doivent être faciles à lire. Ils peuvent par exemple être publiés sur le site Web de l'entreprise ou faire l'objet de rapports intégrés ou de rapports sur la durabilité, consultables dans les locaux de l'entreprise et traduits dans les langues des pays concernés. Il convient de noter que le fait de communiquer des informations à des détenteurs de droits concernés ou potentiellement concernés exige de recourir à une approche différente de celle adoptée vis-à-vis d'autres parties prenantes. Il est important que les communautés comprennent les engagements pris par l'entreprise en matière d'initiatives de lutte contre les effets négatifs de ses activités, comme le travail des enfants et le travail forcé, sachent quelles activités seront mises en œuvre et pour quelles raisons, quels en seront les résultats au fil du temps et quels sont les recours auxquels chaque individu a accès si l'entreprise ne respecte pas ses engagements.

Réparer : réparer par les seuls moyens de l'entreprise ou en coopération avec d'autres acteurs si nécessaire

Le processus de réparation est un processus distinct et déterminant que les pratiques de diligence raisonnable doivent faciliter et accompagner. Le présent chapitre décrit différentes manières, pour une entreprise du secteur du cacao, d'atténuer les risques et de réparer les effets associés au travail des enfants et au travail forcé, par ses propres moyens ou en coopération avec d'autres acteurs si nécessaire.

Réparer par les seuls moyens de l'entreprise ou en coopération avec d'autres acteurs si nécessaire

La réparation vise « à faire en sorte que la ou les personnes concernées soient placées dans la situation dans laquelle elles se seraient trouvées si les conséquences négatives n'étaient pas survenues (si toutefois c'est possible) et à leur accorder des réparations proportionnées à l'importance et à l'ampleur de ces conséquences » (OCDE, 2018[3]).

Selon les recommandations de l'OCDE (Graphique 5), lorsqu'une entreprise constate qu'elle **est à l'origine** d'effets négatifs réels ou qu'elle a **contribué** à la survenue de ces effets, elle doit réagir en les réparant par ses propres moyens ou en coopération avec d'autres acteurs.

Ces réparations peuvent prendre différentes formes :« excuses, restitution, réhabilitation, compensations financières ou non financières et sanctions (pénales ou administratives, amendes notamment) ou encore prévention des pratiques abusives au moyen notamment d'injonctions ou de garanties de non-répétition » (HCR, 2011[36])

La réparation en cas de travail des enfants, consiste à apporter un soutien aux enfants, ainsi qu'à leurs familles et à leurs communautés, pour leur permettre d'échapper à l'astreinte du travail. Dans la pratique, de nombreuses activités et mesures de soutien peuvent être mises en place pour aider un enfant à sortir de sa condition de travailleur contraint, et celles-ci sont semblables aux mesures de prévention et d'atténuation des risques futurs ; se reporter au chapitre 3 pour plus d'informations sur les mesures de prévention et d'atténuation. En outre, la réparation en cas de travail forcé consiste en un processus de soutien aux victimes (enfants ou adultes) visant à mettre fin aux situations de travail forcé et, dans la mesure du possible, à remédier aux préjudices subis par les victimes. Les entreprises doivent consulter les personnes concernées, y compris les enfants, les adolescents, les personnes qui s'occupent d'eux ou les membres de la famille, pour s'assurer qu'elles comprennent la situation et qu'elles en connaissent les raisons. Les entreprises doivent également discuter du type de prise en charge nécessaire pour permettre à l'enfant de ne plus être de nouveau contraint de travailler.

Voici des exemples de réparation en cas de **travail des enfants** :

a) procurer des fournitures scolaires et une aide financière pour les frais de scolarité (distribution de kits de fournitures scolaires, d'uniformes, prise en charge de frais divers, octroi de pécules et autres mesures permettant à l'enfant de s'insérer dans le système éducatif, etc.) ;

b) contribuer au soutien scolaire (tutorat et cours de rattrapage pour les enfants, etc.) ;

c) donner à l'enfant accès à une formation professionnelle ou à un apprentissage.

Face à des enfants n'ayant pas accès à une éducation de qualité, les entreprises peuvent également envisager une contribution à des initiatives au niveau de la communauté (construction d'infrastructures essentielles en collaboration avec les pouvoirs publics et des acteurs locaux). Les entreprises qui sont à l'origine du travail des enfants ou qui y contribuent doivent être prêtes à octroyer un soutien financier et logistique supplémentaire dès qu'un cas est signalé. Le Graphique 9 propose un arbre de décision destiné à aider les entreprises à choisir comment aider les enfants et les communautés.

Voici des exemples de réparation en cas de **travail forcé** :

- Versement d'une restitution qui permet de faire en sorte que les travailleurs perçoivent tout salaire qui leur est dû ou sont dédommagés de toute autre sanction pécuniaire (intérêts sur des prêts par exemple).
- Versement d'une compensation pour les douleurs et les souffrances endurées.
- Réhabilitation pouvant inclure l'attribution de bourses, une aide juridique ou une aide au rapatriement si la victime le souhaite.

- Il peut également s'agir de dispenser des soins médicaux, un soutien psychologique ou toute autre forme d'assistance à laquelle la victime, en raison des circonstances, ne peut pas accéder par ses propres moyens.

Graphique 9. Méthode de sélection du soutien accordé aux enfants et aux communautés

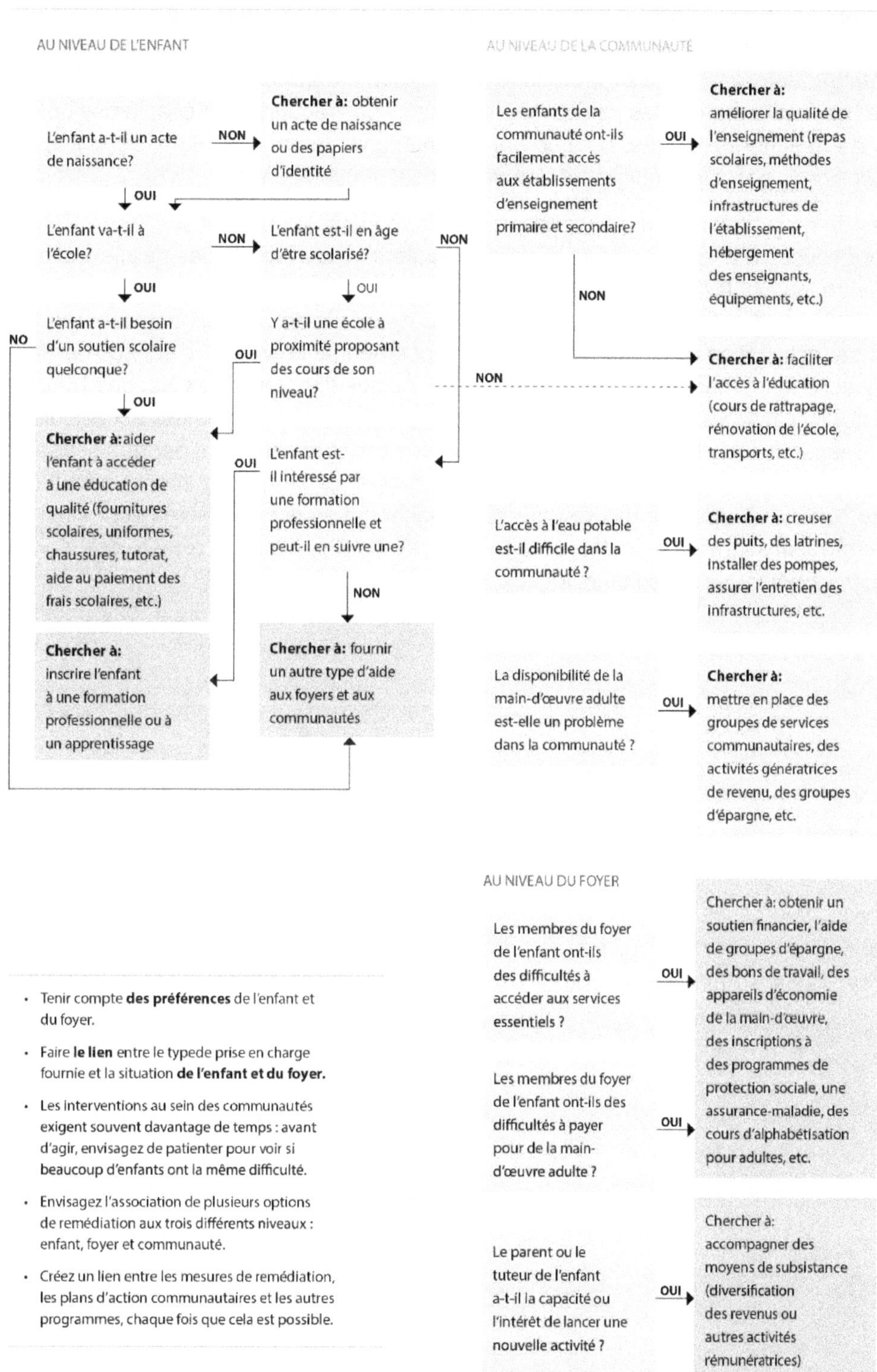

Source : fondation ICI (2022[33]), Decision tree: Selecting support to prevent and remediate child labour through a CLMRS, https://www.cocoainitiative.org/knowledge-hub/resources/selecting-support-prevent-and-remediate-child-labour-through-clmrs

Mécanisme de réclamation

L'OCDE recommande aux entreprises, si nécessaire, de mettre en place elle-même des dispositifs de dépôt de réclamations légitimes ou de coopérer avec d'autres acteurs pour le faire, afin que les détenteurs de droits puissent déposer des réclamations auxquelles l'entreprise répondra. Il peut s'agir de processus publics ou non publics. Parfois, les entreprises ont l'obligation de recourir à des mécanismes judiciaires ou extrajudiciaires relevant des pouvoirs publics, notamment à des organismes publics spécialisés (voir l'Encadré 9 sur les Points de contact nationaux de l'OCDE pour une conduite responsable des entreprises, à titre d'exemple), des organismes de protection des consommateurs, de contrôle de la réglementation ou protection de l'environnement. Elles peuvent également s'appuyer sur des mécanismes de réclamation ne relevant pas de la sphère publique, notamment des mécanismes multipartites, ou sur d'accords-cadres internationaux signés par des syndicats et des entreprises multinationales.

Les systèmes de réclamation gérés, au niveau opérationnel, par les entreprises jouent également un rôle important pour l'accès à des voies de recours car ils alertent les entreprises sur l'existence d'éventuels effets négatifs de leurs activités auxquels elles doivent remédier. Il peut s'agir de mécanismes internes de dépôt de plaintes par des travailleurs ou de systèmes de dépôt de plaintes par des tierces parties. Les mécanismes de réclamation mis en place au niveau opérationnel doivent être conçus dans le respect des critères d'efficacité fondamentaux énoncés dans les Principes directeurs des Nations Unies et dans ceux de l'OCDE, qui insistent sur le fait que ces dispositifs doivent être légitimes, accessibles, prévisibles, équitables, transparents, compatibles avec le respect des droits et sources d'apprentissage continu. Dans le secteur du cacao, les entreprises peuvent coopérer avec les communautés d'agriculteurs pour créer des points de contact chargés de recueillir les réclamations. Les communautés sont ainsi en mesure de réfléchir aux problématiques rencontrées et de concevoir et mettre en œuvre des solutions avec le concours de groupements d'agriculteurs locaux.

Encadré 9. Recours par l'intermédiaire des Points de contact nationaux de l'OCDE pour la conduite responsable des entreprises

Le réseau des Points de contact nationaux de l'OCDE pour la conduite responsable des entreprises est composé d'agences établies par es administrations des pays ayant adhéré aux recommandations de l'OCDE sur la conduite responsable des entreprises. Il assume une double responsabilité : promouvoir les Principes directeurs de l'OCDE et les guides sur le devoir de diligence y afférents, et contribuer à la résolution de cas au moyen d'un processus volontaire nommé « circonstances spécifiques ». À ce jour, 51 pays se sont dotés d'un Point de contact national et les PCN du réseau ont été saisis de plus de 620 « circonstances spécifiques ».

En 2014, les ONG Equitable Cambodia (EC) et Inclusive Development International (IDI) ont saisi le Point de contact national australien d'un cas (une "circonstance spécifique") motivé par l'allégation que l'établissement bancaire ANZ n'avait pas respecté les Principes directeurs dans le cadre de sa participation à un projet de Phnom Penh Sugar Co. Ltd (PPS) au Cambodge. Le Point de contact national australien a examiné les points soulevés, notamment la saisie de terres, le travail d'enfants et la destruction de cultures et de biens par PPS pour faire place à une plantation de canne à sucre financée par la banque ANZ. Malgré une médiation organisée sous l'égide du Point de contact national, les parties ne sont pas parvenues à un accord. Des acteurs de la société civile présents sur place ont continué de poser la question d'une compensation et ont apporté un soutien essentiel au Point de contact national pour faciliter le processus pendant la phase de suivi. Les parties ont ainsi renoué le dialogue et la banque ANZ a accepté de dégager une contribution financière correspondant au bénéfice brut qu'elle a réalisé sur cette opération afin de soulager les difficultés subies par les communautés concernées et de soutenir leurs efforts de réhabilitation.

Source : OECD (2020[37]), National Contact Points for Responsible Business Conduct: Providing access to remedy – 20 years and the road ahead, https://mneguidelines.oecd.org/NCPs-for-RBC-providing-access-to-remedy-20-years-and-the-road-ahead.pdf.

Accroître l'ampleur et les retombées de la lutte contre le travail des enfants et le travail forcé par la collaboration

Ce dernier chapitre porte sur les initiatives collaboratives auxquelles les entreprises du secteur du cacao peuvent recourir pour accompagner leurs efforts de diligence et encourager un changement systémique à l'échelle du secteur tout entier.

Conduite responsable des entreprises et action collaborative dans le secteur du cacao

Collaborer pour l'exercice du devoir de diligence

Des initiatives sectorielles et multipartites peuvent appuyer et démultiplier les efforts déployés par les entreprises pour mettre en œuvre des pratiques de diligence raisonnable, qu'il s'agisse d'élaborer des politiques, d'évaluer les conséquences de leurs activités sur les droits de l'homme ou de suivre les avancées réalisées au niveau sectoriel. Ce type de collaboration ouvre la possibilité de rassembler des informations sur les risques et les conséquences des activités des entreprises pour les droits de l'homme, de renforcer leur pouvoir d'influence et de généraliser les mesures ayant prouvé leur efficacité. Il permet également d'améliorer la transparence au niveau sectoriel et de réaliser des économies et un partage de coûts. Toutefois, la collaboration n'exonère jamais une entreprise de sa propre responsabilité d'exercer son devoir de diligence et d'identifier, de prévenir et d'assumer les risques et les conséquences de ses activités pour les droits de l'homme, comme le travail des enfants et le travail forcé.

Collaborer pour relever les défis systémiques que soulèvent les droits de l'homme dans le secteur du cacao

Les approches collaboratives sont un bon moyen de traiter les causes profondes et les problèmes systémiques et empruntent différentes voies :

- Dialoguer **avec les pouvoirs publics** : Les pouvoirs publics sont des acteurs essentiels de la lutte contre le travail des enfants et le travail forcé dans le secteur du cacao. Les entreprises peuvent soutenir les initiatives des pouvoirs publics et des communautés en améliorant la transparence tout au long de la chaîne d'approvisionnement et en collaborant avec eux dans le domaine de l'atténuation et de la réparation. Elles peuvent également œuvrer en collaboration avec les administrations régionales ou nationales à la promotion des textes de loi, des politiques et des mesures qui favorisent une conduite responsable des entreprises ou le respect des lois et réglementations.
- **Rassembler des informations et créer des systèmes de données partagées** : La collaboration avec d'autres entreprises peut par exemple permettre de constituer des sources de données fiables et accessibles sur le travail des enfants et le travail forcé dans le secteur du cacao et sur les causes profondes de ces pratiques. Assurer la transparence des données en contribuant à la constitution de référentiels de données publics est un autre moyen d'enrichir les connaissances collectives sur cette problématique pour enclencher un changement plus global.
- **Tirer les leçons des initiatives existantes et les mettre à profit :** en collaborant avec d'autres entreprises, organisations de la société civile, administrations, organisations internationales et autres acteurs de la lutte contre le travail des enfants et le travail forcé, il est possible d'éviter les doubles emplois et la fragmentation des efforts. Les entreprises peuvent par exemple envisager de participer à des initiatives internationales visant à promouvoir des chaînes d'approvisionnement exemptes de travail des enfants et de travail forcé, comme la plateforme sur le travail des enfants et le Réseau mondial d'entreprises sur le travail forcé de l'OIT, ainsi que la fondation ICI. La collaboration peut également favoriser la coordination entre les initiatives de différentes entreprises en rapport avec les SSRTE et contribuer à renforcer et améliorer l'efficacité des systèmes nationaux (UNICEF, 2022[21]).
- Échanger avec **des groupes militant pour la défense des droits des enfants et des spécialistes du travail forcé :** Les enfants, les personnes qui les représentent et celles qui représentent les victimes du travail forcé forment un groupe distinct et important qui contribue à améliorer la qualité des propres analyses d'une entreprise et aident cette dernière à mieux

comprendre leur situation en lui fournissant les informations qui lui manquent et en mettant en évidence des problématiques que d'autres parties prenantes peuvent parfois ne pas voir appréhendées, concernant notamment les causes du travail des enfants ou du travail forcé dans une zone géographique donnée.

- **Participer à une collaboration intersectorielle** : une collaboration intersectorielle (par exemple, au-delà du secteur du cacao) peut permettre de donner une nouvelle dimension à des mesures efficaces de prévention et d'atténuation et de s'assurer que les initiatives engagées à l'échelle de l'ensemble du secteur pour éliminer le travail des enfants et le travail forcé ne conduisent pas les enfants à aller travailler dans d'autres secteurs, notamment dans le secteur agricole, dans des mines artisanales, dans l'industrie de l'habillement et du textile ou dans le commerce du sexe.
- **Utiliser des approches territoriales** : une approche territoriale mobilise toutes les parties concernées d'une zone géographique donnée, notamment les autres entreprises, des organisations de la société civile, des organisations internationales, des organismes gouvernementaux nationaux et régionaux et des organisations multipartites. Elle permet de lutter contre le travail des enfants en lien avec d'autres problématiques connexes comme l'éducation, la santé, l'eau et l'assainissement, ainsi qu'avec d'autres mesures de protection de l'enfance.

Annex A. Glossaire

Travail des enfants : les Conventions n° 138 et n° 182 de l'OIT définissent le « travail des enfants » comme des activités qui privent les enfants de leur enfance, de leur potentiel et de leur dignité, et portent préjudice à leur développement physique et mental, notamment en compromettant leur éducation, en les privant de toute scolarisation, en les contraignant à abandonner prématurément l'école ou en les obligeant à cumuler des activités scolaires et professionnelles excessivement longues et trop pénibles pour eux (OIT, s.d.[6]) (OIT, s.d.[7]). La définition du travail des enfants dépend à la fois de l'âge de l'enfant et de la nature des tâches qu'il effectue (BIT/IOE, 2015[5]).

Travail forcé et pratiques analogues à l'esclavage : selon la Convention n° 29 de l'OIT (OIT, s.d.[10]), le « travail forcé » correspond à « tout travail ou service exigé d'un individu sous la menace d'une peine quelconque et pour lequel ledit individu ne s'est pas offert de plein gré ». Le travail forcé peut concerner tant les adultes que les enfants. Les enfants d'adultes en situation de travail forcé sont également considérés comme une main-d'œuvre soumise au travail forcé. Une situation de travail forcé est définie par la nature de la relation entre une personne et un « employeur », et non par le type d'activité exécutée (BIT, 2015[38]). Les pratiques analogues à l'esclavage sont entre autres la servitude pour dettes, le servage et le mariage forcé.

Travail forcé (des enfants) : selon la définition opérationnelle du travail forcé des enfants de l'OIT (BIT, 2012[39]), celui-ci se définit comme du travail exécuté par des enfants sous la coercition exercée par une tierce personne(autre que le ou les parents), que ce soit sur l'enfant lui-même ou sur ses parents, ou encore le travail effectué par un enfant en conséquence directe de la situation de travail forcé du ou des parents tel que le définit la Convention n° 29 de l'OIT, ou bien du travail effectué par des enfants relevant de l'une des pires formes de travail des enfants suivantes (Convention de l'OIT n° 182) : (a) toutes les formes d'esclavage ou de pratiques analogues, telles que la vente ou la traite d'enfants, la servitude pour dettes et le servage, y compris le recrutement forcé ou obligatoire d'enfants à des fins d'implication dans des conflits armés ; (b) l'utilisation, le recrutement ou l'offre d'un enfant à des fins de prostitution, de production de matériel pornographique ou de spectacles pornographiques ; (c) l'utilisation, le recrutement ou l'offre d'un enfant à des fins d'activités illicites, en particulier pour la production et le trafic de drogues tels que définis dans les conventions internationales pertinentes (OIT/Walk Free/OIM, 2022[15]), (BIT, 2012[39]). La coercition peut s'exercer au moment du recrutement de l'enfant, pour forcer ce dernier ou ses parents à accepter l'emploi, ou une fois que l'enfant travaille, pour le forcer à exécuter des tâches qui n'étaient pas prévues au moment du recrutement ou l'empêcher de quitter son poste (BIT, 2012[39]).

Traite d'êtres humains, y compris d'enfants : La traite des êtres humains peut conduire au travail forcé. Elle implique le déplacement d'une personne, généralement en dehors des frontières de son pays d'origine, à des fins d'exploitation. Une définition de la traite des êtres humains se trouve dans le "Protocole de Palerme" de 2000 (Nations Unies, s.d.[40]). Cette définition s'articule autour de trois points clés : les activités, les moyens et l'objectif(l'exploitation). La coercition est l'un des moyens qui établissent que lorsque la coercition (ou tout autre moyen) est exercée pour placer des victimes dans une situation d'exploitation, il n'est pas nécessaire que la réalité de l'exploitation soit établie pour que l'on soit en présence d'une traite d'êtres humains. Lorsqu'il s'agit d'enfants, la traite désigne le recrutement, le transfert, l'hébergement ou l'accueil d'enfants à des fins d'exploitation.

Âge minimum : la Convention n° 138 de l'OIT impose aux pays de fixer un âge minimum d'admission à l'emploi et de poursuivre des politiques nationales visant à assurer l'abolition du travail des enfants. Elle fixe à 15 ans l'âge minimum d'admission à l'emploi et à 18 ans l'âge minimum pour effectuer des travaux dangereux, sachant que les pays en développement ont la possibilité d'établir l'âge minimum à 14 ans à titre transitoire (BIT/IOE, 2015[5]).

Jeunes travailleurs : l'expression « jeune travailleur » désigne une personne qui a atteint l'âge minimum légal pour travailler (généralement 15 ans), mais est âgée de moins de 18 ans (BIT, 2020[41]).

Pires formes de travail des enfants : Selon la Convention n° 182 de l'OIT (OIT, s.d.[7]), il existe quatre catégories de pires formes de travail des enfants :

- toutes les formes d'esclavage ou pratiques analogues, telles que la vente et la traite d'enfants, la servitude pour dettes et le servage ainsi que le travail forcé ou obligatoire, y compris le recrutement forcé ou obligatoire des enfants en vue de leur utilisation dans des conflits armés ;
- l'utilisation, le recrutement ou l'offre d'un enfant à des fins de prostitution, de production de matériel pornographique ou de spectacles pornographiques ;
- l'utilisation, le recrutement ou l'offre d'un enfant à des fins d'activités illicites, notamment pour la production et le trafic de stupéfiants, tels que les définissent les conventions internationales pertinentes ;
- les « travaux dangereux » qui, par leur nature ou les conditions dans lesquelles ils s'exercent, sont susceptibles de nuire à la santé, à la sécurité ou à la moralité de l'enfant. Conformément à cette Convention, la nature précise de ces tâches interdites doit être définie et examinée par chaque pays.

Références

Alliance 8.7 (2018), *Target 8.7*, https://www.alliance87.org/target-8-7/. [13]

BIT (2020), *Supplier guidance on preventing, identifying and addressing child labour*, https://www.ilo.org/wcmsp5/groups/public/---ed_norm/---ipec/documents/publication/wcms_792211.pdf. [41]

BIT (2018), *Directives concernant les statistiques du travail forcé*, https://www.ilo.org/wcmsp5/groups/public/---dgreports/---stat/documents/meetingdocument/wcms_648691.pdf. [11]

BIT (2015), *Combattre le travail forcé : Manuel pour les employeurs et le secteur privé*, https://www.ilo.org/global/topics/forced-labour/publications/WCMS_142588/lang--fr/index.htm. [38]

BIT (2012), *Hard to see, harder to count - Survey guidelines to estimate forced labour of adults and children*, https://www.ilo.org/global/topics/forced-labour/publications/WCMS_182096/lang--en/index.htm. [39]

BIT/IOE (2015), *Comment faire des affaires en respectant le droit des enfants à ne pas être astreints au travail des enfants : Outil d'orientation du BIT et l'OIE sur le travail des enfants à l'intention des entreprises*, https://www.ilo.org/wcmsp5/groups/public/---ed_norm/---ipec/documents/instructionalmaterial/wcms_ipec_pub_28416.pdf. [5]

BIT/UNICEF (2021), *Travail des enfants : Estimations mondiales 2020, tendances et chemin à suivre*, https://www.ilo.org/ipec/Informationresources/WCMS_827415/lang--fr/index.htm. [14]

Fairtrade Foundation (2020), *Cocoa Sustainable Livelihoods Landscape Study*, https://www.fairtrade.org.uk/resources-library/researching/commodity-reports/cocoa-sustainable-livelihoods-landscape-study/. [20]

HCR (2011), *Principes directeurs relatifs aux entreprises et aux droits de l'homme : mise en oeuvre du cadre de référence « protéger, respecter et réparer » des Nations Unies*, https://www.ohchr.org/fr/publications/reference-publications/guiding-principles-business-and-human-rights-implementing. [36]

ICCO (2022), « Grindings of Cocoa Beans », *ICCO Quarterly Bulletin of Cocoa Statistics*, https://www.icco.org/statistics/#tab-id-7. [19]

ICCO (2022), *ICCO Quarterly Bulletin of Cocoa Statistics*, https://www.icco.org/statistics/#tab-id-6. [12]

ICCO (s.d.), *Cocoa Economy Information*, https://www.icco.org/economy/ (consulté le 2023). [17]

ICI (2022), *Decision tree: Selecting support to prevent and remediate child labour through a CLMRS*, https://www.cocoainitiative.org/knowledge-hub/resources/selecting-support-prevent-and-remediate-child-labour-through-clmrs. [33]

ICI (2021), *Benchmarking study: Overview and definition of Child Labour Monitoring and Remediation Systems*, https://www.cocoainitiative.org/knowledge-hub/resources/benchmarking-study-overview-and-definition-child-labour-monitoring-and. [25]

ICI (2021), *Risk models for predicting child labour*, https://www.cocoainitiative.org/knowledge-hub/resources/risk-models-predicting-child-labour. [30]

ICI (2020), *Cocoa Barometer 2020*, https://www.cocoainitiative.org/knowledge-hub/resources/2020-cocoa-barometer. [24]

ICI (2019), *Qualité de l'éducation et travail des enfants, données tirées des communautés productrices de cacao en Côte d'Ivoire et au Ghana*, https://www.cocoainitiative.org/fr/centre-de-ressources/resources/qualite-de-leducation-et-travail-des-enfants-donnees-tirees-des. [22]

ICI (2019), *Using community-level data to understand child labour risk in cocoa-growing areas of Côte d'Ivoire and Ghana: Executive Summary*, https://www.cocoainitiative.org/knowledge-hub/resources/using-community-level-data-understand-child-labour-risk-infographic. [27]

ICI (s.d.), *Community Child Labour Risk Assessment - Data Collections Tools*, https://www.cocoainitiative.org/fr/centre-de-ressources/ressources/community-child-labour-risk-assessment-data-collections-tools. [29]

ICI (s.d.), *Les systèmes de suivi et de remédiation du travail des enfants : Introduction*, https://clmrs.cocoainitiative.org/fr/introduction. [26]

ICI (s.d.), *Protective Community Index*, https://www.cocoainitiative.org/knowledge-hub/resources/protective-community-index. [28]

ILAB (2022), *List of Goods Produced by Child Labor or Forced Labor*, https://www.dol.gov/agencies/ilab/reports/child-labor/list-of-goods#:~:text=The%20most%20common%20agricultural%20goods,and%20diamonds%20are%20most%20common. [1]

Kozicka, M. (2018), *Forecasting Cocoa Yields for 2050*, Bioversity International, https://hdl.handle.net/10568/93236. [18]

Myers, A. (2019), *New space satellite tech set to help cocoa traceability in West Africa*, https://www.confectionerynews.com/Article/2019/04/12/New-space-satellite-tech-set-to-help-cocoa-traceability-in-West-Africa. [35]

Nations Unies (s.d.), « Convention relative aux droits de l'enfant », *Collection des Traités, Nations Unies*, https://treaties.un.org/pages/ViewDetails.aspx?src=IND&mtdsg_no=IV-11&chapter=4&clang=_fr. [8]

Nations Unies (s.d.), « Protocole additionnel à la Convention des Nations Unies contre la criminalité transnationale organisée visant à prévenir, réprimer et punir la traite des personnes, en particulier des femmes et des enfants », *Collection des Traités, Nations Unies*, https://treaties.un.org/Pages/ViewDetails.aspx?src=ind&mtdsg_no=XVIII-12-a&chapter=18&clang=_en. [40]

OCDE (2020), *National Contact Points for Responsible Business Conduct: Providing access to remedy - 20 years and the road ahead*, https://mneguidelines.oecd.org/NCPs-for-RBC-providing-access-to-remedy-20-years-and-the-road-ahead.pdf. [37]

OCDE (2018), *Guide OCDE sur le devoir de diligence pour une conduite responsable des entreprises*, https://www.oecd.org/fr/daf/inv/mne/Guide-OCDE-sur-le-devoir-de-diligence-pour-une-conduite-responsable-des-entreprises.pdf. [3]

OCDE (2011), *Les principes directeurs de l'OCDE à l'intention des entreprises multinationales*, https://doi.org/10.1787/9789264115439-fr. [32]

OCDE/FAO (2021), *Guide OCDE-FAO pour des filières agricoles responsables - Aider à atteindre les Objectifs de développement durable*, https://www.fao.org/documents/card/en/c/CA7970FR. [4]

OCDE/FAO (2016), *Guide OCDE-FAO pour des filières agricoles responsables*, Éditions OCDE, Paris, https://doi.org/10.1787/9789264264038-fr. [2]

OCDE/UE/OIT (2019), *Entreprises responsables: les messages clés des instruments internationaux*, https://www.ilo.org/wcmsp5/groups/public/---ed_emp/---emp_ent/---multi/documents/publication/wcms_763743.pdf. [42]

OIT (s.d.), « C029 - Convention (n° 29) sur le travail forcé, 1930 », *NORMLEX Information System on International Labour Standards*, https://www.ilo.org/dyn/normlex/fr/f?p=NORMLEXPUB:12100:0::NO::P12100_INSTRUMENT_ID,P12100_LANG_CODE:312174,fr. [10]

OIT (s.d.), « C138 - Convention (n° 138) sur l'âge minimum, 1973 », *NORMLEX Information System on International Labour Standards*, https://www.ilo.org/dyn/normlex/fr/f?p=1000:12100:0::NO::P12100_INSTRUMENT_ID,P12100_LANG_CODE:312283,fr:NO. [6]

OIT (s.d.), « C182 - Convention (n° 182) sur les pires formes de travail des enfants, 1999 », *NORMLEX Information System on International Labour Standards*, https://www.ilo.org/dyn/normlex/fr/f?p=NORMLEXPUB:12100:::NO:12100:P12100_ILO_CODE:C182:NO. [7]

OIT/Walk Free/OIM (2022), *Global Estimates Of Modern Slavery: Forced Labour And Forced Marriage*, https://www.walkfree.org/reports/global-estimates-of-modern-slavery-2022/. [15]

Sadhu, S. (2020), *Assessing Progress in Reducing Child Labor in Cocoa Growing Areas of Côte d'Ivoire and Ghana*, https://www.norc.org/PDFs/Cocoa%20Report/NORC%202020%20Cocoa%20Report_English.pdf. [9]

Shift/OIE (2019), *SMEs and the Responsibility to Respect Human Rights*, https://shiftproject.org/resource/smes-and-the-responsibility-to-respect-human-rights/. [34]

SÜDWIND e.V. (2021), *Guide to conducting risk analyses for cocoa producing countries*, https://www.kakaoforum.de/en/news-service/news/news-detail/guide-to-conducting-risk-analyses-for-cocoa-producing-countries-published-843/. [31]

Tulane University, Walk Free Foundation (2018), *The prevalence of forced labour and child labour in the cocoa sectors of Côte d'Ivoire and Ghana*, https://www.cocoainitiative.org/knowledge-hub/resources/walk-free-foundation-study-prevalence-forced-labour-and-child-labour-cocoa. [16]

UNICEF (2022), *Child labour and responsible business conduct: A guidance note for action*, https://www.unicef.org/reports/child-labour-and-responsible-business-conduct. [21]

UNICEF (2018), *Children's Rights in the Cocoa-Growing Communities of Côte d'Ivoire: Synthesis Report*, https://sites.unicef.org/csr/css/synthesis-report-children-rights-cocoa-communities-en.pdf. [23]

Notes

[1] Pour en savoir plus, consultez le document en ligne intitulé « Inter-Sectoral Standard Operating Procedures for Child Protection and Family Welfare: Guidelines, Tools and Forms for Casework and Management » (Procédures opérationnelles standard intersectorielles pour la protection des enfants et le bien-être des familles : directives, outils et formulaires pour le traitement des cas et la gestion), publié par le ministère du Genre, de l'Enfance et de la Protection sociale du Ghana en 2020 sur https://www.unicef.org/ghana/media/3286/file/Inter-Sectoral%20SOPs%20for%20Child%20Protection%20and%20Family%20Welfare.pdf (en anglais).

[2] Les trois principaux points de référence en matière d'activités responsables sont la Déclaration de principes tripartite sur les entreprises multinationales et la politique sociale de l'OIT, les Principes directeurs de l'OCDE à l'intention des entreprises multinationales et les Principes directeurs des Nations Unies relatifs aux entreprises et aux droits de l'homme. Ces instruments internationaux s'alignent les uns sur les autres et se complètent (OCDE/UE/OIT, 2019[42]).

[3] Pour consulter d'autres ressources sur le site Web de la fondation ICI, rendez-vous sur la page https://www.cocoainitiative.org/fr/centre-de-ressources/ressources/ressources-complementaires-en-soutien-au-manuel-lattention-des

[4] Pour plus d'informations, rendez-vous sur la page https://www.dol.gov/agencies/ilab/resources/reports/child-labor

[5] Pour de plus amples informations sur le devoir de diligence prenant en compte le genre, rendez-vous sur le site https://www.genderduediligence.org/.

[6] Les recommandations de l'OCDE insistent sur le fait que les entreprises ont pour obligation première de respecter les lois des pays où elles exercent des activités et/ou dans lesquels elles sont domiciliées.

[7] Voir le Graphique 1.1 à la page 20 du Guide OCDE-FAO (OCDE/FAO, 2016[2]) illustrant les différentes étapes des filières agricoles et les entreprises concernées.

[8] Pour de plus amples informations, voir l'Encadré 5 intitulé « Échanger avec les relations d'affaires exerçant aux points de contrôle des chaînes d'approvisionnement » du Guide OCDE sur le devoir de diligence pour une conduite responsable des entreprises (OCDE, 2018[3]) et la page 39 du Guide OCDE-FAO pour des filières agricoles responsables (OCDE/FAO, 2016[2]).

[9] Pour en savoir plus sur l'évaluation de l'alignement sur les recommandations de l'OCDE, consultez la page https://www.oecd.org/corporate/industry-initiatives-alignment-assessment.htm (en anglais).

www.ingramcontent.com/pod-product-compliance
Lightning Source LLC
LaVergne TN
LVHW082050051026
849532LV00011B/3552
* 9 7 8 9 2 6 4 7 9 2 1 3 5 *